JEAN-JACQUES ROUSSEAU.

FRAGMENTS INÉDITS.

RECHERCHES
BIOGRAPHIQUES ET LITTÉRAIRES.

PAR

ALBERT JANSEN.

PARIS
SANDOZ & THUILLIER.
4 RUE DE TOURNON.

NEUCHÂTEL
LIBRAIRIE J. SANDOZ.

GENÈVE
LIBRAIRIE DESROGIS.

BERLIN
RICHARD WILHELMI.
21 UNTER DEN LINDEN.

1882.

JEAN-JACQUES ROUSSEAU.

FRAGMENTS INÉDITS.

RECHERCHES
BIOGRAPHIQUES ET LITTÉRAIRES.

PAR

ALBERT JANSEN.

PARIS
SANDOZ & THUILLIER.
4 RUE DE TOURNON.

NEUCHÂTEL
LIBRAIRIE J. SANDOZ.

GENÈVE
LIBRAIRIE DESROGIS.

BERLIN
RICHARD WILHELMI.
21 UNTER DEN LINDEN.

1882.

TABLE DES MATIÈRES

[* indique les fragments inédits de J.-J. Rousseau]

JEAN-JACQUES ROUSSEAU

FRAGMENTS INÉDITS.

I ROUSSEAU ET LES ROGUIN D'YVERDON

„J'oubliais de te dire, écrit SAINT-PREUX à JULIE dans la *Nouvelle Héloïse*, que M. ROGUIN m'a offert une compagnie dans le regiment qu'il lève pour le roi de Sardaigne. J'ai été sensiblement touché de l'estime de ce brave officier; je lui ai dit, en le remerciant, que j'avais la vue trop courte pour le service et que ma passion pour l'étude s'accordait mal avec une vie aussi active." (1)

DANIEL ROGUIN, „le doyen des amis de ROUSSEAU", recevant de l'auteur un exemplaire de la *Nouvelle Héloïse*, lui fit observer qu'il avait immortalisé, dans cet ouvrage, le théâtre de l'action ainsi que toutes les personnes dont il parlait; il se sentait flatté ajouta-t-il, que sa famille n'y fût pas oubliée. Il termina en remerciant ROUSSEAU de l'excellente leçon que celui-ci avait donnée à sa famille et en déclarant que celle-ci l'avait méritée pour la justice rendue, par feu le colonel ROGUIN, au talent de ROUSSEAU. (2)

Parmi les familles suisses qui se sont distinguées au service étranger, celle des ROGUIN d'Yverdon est une des plus illustres. ALBERT-LOUIS ROGUIN fut colonel au service du roi de Sardaigne qui lui accorda, le 13. novembre 1733, la levée d'un régiment suisse protestant; il fit en 1734 la campagne contre les impériaux en qualité d'aide-de-camp du roi de Sardaigne, rendit des services importants à l'armée des alliés jusqu'à la fin de la guerre et mourut durant un séjour à Yverdon au mois de mars 1737.

(1) *Oeuvres complètes* de J. J. Rousseau. Paris, Librairie Hachette et Cie. 1872. *Julie, ou la Nouvelle Héloïse.* IV. p. 72.

(2) D. Roguin à M. J. J. Rousseau. Paris le 27 février 1761. Manuscrit de la Bibliothèque publique de Neuchâtel.

Ce fut ce colonel ROGUIN qui entra en relations avec ROUSSEAU, alors chez madame DE WARENS à Chambéry en Savoie. Si l'on se rappelle que l'auteur de la *Nouvelle Héloïse* se dépeint luimême si souvent dans le personnage de SAINT-PREUX, on concevra aussitôt que tout ce qu'il dit de ce dernier et du colonel ROGUIN, se rapporte à l'histoire de sa propre vie. ROUSSEAU n'en parle pas, il est vrai, dans ses *Confessions;* en revanche, il y décrit son vif intérêt pour la guerre mentionnée des alliés contre les impériaux ; et en exposant, dans une occasion antérieure, les raisons qui l'empêchent d'endosser l'uniforme, il donne les mêmes motifs qu'il a mis dans la bouche de SAINT-PREUX. (3)

L'amitié entre ROUSSEAU et le négociant DANIEL ROGUIN se noua à Paris en 1742, et deux ans après elle se transforma en une véritable intimité. On connaît la lettre touchante où ROUSSEAU révèle, le 9 juillet 1745, sa triste situation. La Bibliothèque publique de Neuchâtel en conserve encore l'original ; cette lettre est pour nous d'autant plus intéressante que DANIEL ROGUIN a écrit la réponse au verso de la feuille.

La voici:

„En vérité, mon cher ami, vous vous moquez de ma figure par vos compliments et je m'en offense veritablement. Si vous êtes dans la peine, je partagerai toujours avec plaisir le peu que j'ay et cela très sincerement; vous pouvez en faire l'epreuve, jugez donc si le retard de la fortune à vous rendre justice doit vous inquieter pour moi, il me fait seulement de la peine de ce qu'elle est si aveugle, je vous en iray assurer, demain matin dans l'esperance que vous me permettrez d'interrompre pour un moment votre travail, ce que je n'osai faire dernierement en allant rendre un livre à Mr. DE CHABROT parce qu'il m'avait instruit de votre retraite, dont je rendis compte hier au soir à Mlles HOTTIN qui m'en demandèrent des nouvelles et auquelles je dis que je me faisais un scrupule de l'aller troubler. Adieu mon cher amy. Je suis autant à vous qu'à D. ROGUIN." (4)

ROUSSEAU confiait à ROGUIN tous ses secrets, jusqu'à ses relations fort intimes avec Mme DE WARENS, de sorte qu'à propos de la *Nouvelle Héloïse* en 1761 son ami pouvait s'écrier: „Ah! que Mme DE WARENS était un excellent maître! On ne saurait parler si pertinemment de l'amour, sans l'éprouver." (5).

De 1762—1765 DANIEL ROGUIN, rentré de Paris à Yverdon, trouva encore une fois, comme vingt ans auparavant, l'occasion de rendre à ROUSSEAU des services importants. Il gagna aussi ses compatriotes à l'infortuné auteur *d'Emile.*

(3) *Oeuvres compl. Confessions.* VIII. p. 129 et p. 112. — Sur Albert-Louis Roguin consultez: Albert de Montet: *Dictionnaire Biographique des Genévois et des Vaudois.*

(4) Manuscrits de Neuchâtel.

(5) Manuscr. de Neuch. Voyez la note 2.

Celui-ici lui envoya le 16 juin 1764 en signe de reconnaissance, pour la bibliothèque d'Yverdon, un exemplaire du recueil de ses oeuvres, publié à Paris sous la direction de l'abbé DE LA PORTE, et une gravure encadrée d'après son portrait par LA TOUR.

„Votre présent à la Bibliothèque, lui répondait ROGUIN, est magnifique. Vos oeuvres en feront à jamais le plus précieux monument et je doute fort qu'il puisse jamais y entrer une reliure aussi belle et aussi riche. Il sera présenté aujourdhui ou demain." (6)

Cette présentation n'eut lieu que quelques jours plus tard. Mais nous lisons maintenant encore dans le registre des dons faits à la bibliothèque d'Yverdon les paroles suivantes: „J. J. ROUSSEAU cy devant [citoyen] de Genève ses oeuvres imprimés à Neuchâtel en 1764 [ce lieu d'impression a été ajouté sur le titre par l'éditeur de Paris]:

Savoir: Esprit, Maximes et Principes . . .	1	vol.
Oeuvres diverses	5	„
La Nouvelle Héloïse	4	„
	10	vol.

Son portrait sous glace."

ROUSSEAU a accompagné ce présent d'une lettre à Mr. ROGUIN de Paris, à la date du 16 juin 1764, dont voici l'Extrait:

„Voici mon cher amy un Exemplaire de quelques-uns de mes Ecrits recueillis en dernier lieu, au quel je vous prie d'obtenir par vôtre Credit une Place dans la Bibliothèque de vôtre ville, qui à vôtre Exemple et à celui de votre Illustre Ballif [Mr. DE GINGINS] m'a honoré dans mes disgrâces d'un accueil dont le souvenir est gravé dans mon coeur en caractères inéfaçables. Je ne vous exprimerai jamais, très bon papa, avec quel zèle et j'ose dire avec quelle tendresse j'honore et j'aime la ville d'Yverdun. Il semble que vous l'avez remplie toute entière le l'amitié que vous avez pour moy et il n'y a pas un de ses Habitans qui ne participe en quelque chose à la reconnaissance que je vous dois et aux sentimens que vous m'avez inspirés *etc.*" (7)

Je ne saurais quitter ce manuscrit sans en faire encore quelques autres extraits, relatifs aux amis de ROUSSEAU et principalement aux membres de la famille ROGUIN.

(6) D. Roguin à M. J. J. Rousseau, le 19 juin 1764. Manuscr. de Neuch. — Voyez aussi *Oeuvres compl. Conf.* VIII. p. 110.

(7) Le livre des dons faits à la bibliothèque d'Yverdon. Manuscrit in-folio de cette bibliothèque. — Il faut observer que le portrait de Rousseau n'existe plus.

Les voici:

1764. D. ROGUIN de Paris. 32 L.
„plus en leg dans son testament.“ 50 L.
1764. G. ROGUIN ancien Banneret, mort 1764. 32 L.
1764. J. ROGUIN, Brigadier en Piémont 50 L.
1765. . . . . cinque ouvrages.
1764. G. A. ROGUIN, colonel en Piémont 48 L.
1765. . . . . grand nombre des oeuvres sur les disciplines de la mathematique, du génie, de la fortification etc.
1774. . . . . 30 pièces de monnaies anciennes et modernes trouvées arrière de la maison, une coupe. 8 L.
1777. . . . . nombre de livres.
1764. ROGUIN, colonel en Pologne. 32 L.
1765. L. ROGUIN, conseiller des Douze: nombre de livres.
1768. J. ROGUIN, capitaine de Milice. 32 L.
1773. FRANÇOIS LOUIS ROGUIN d'Yverdon: grand nombre de livres.
1773. AUGUSTIN ROGUIN, Capitaine. 32 L.
1774 . . . . 8 L.
1763 V. DE GINGINS, seigneur de Moiry, seigneur Ballif d'Yverdon, président actuel de la société oeconomique dix Louis neufs = 160 L.
pour en acheter *l'Histoire naturelle et la description du Cabinet au Roy* in-4° par Buffon et Daubenton. — Il donne le livre de Locke, *Essai sur l'entendement humain.*
1768. GAGNEBIN, medecin Bottaniste, membre honoraire de la société oecon. d'Yverdon donne une Boëte de pétrifications. (8)

(8) Voyez la note 7.

II ROUSSEAU ÉMULE DE DIOGÈNE

Afin de se procurer la liberté et l'indépendance, ces biens les plus précieux du philosophe, ROUSSEAU renonça, en 1751, à la place lucrative de caissier de M. DUPIN DE FRANCEUIL, et cela peu de semaines après l'avoir obtenue. »Je suis libre, écrit-il à Madame DE CRÉQUI: c'est un bonheur dont j'ai voulu goûter avant que de mourir . . . . . . je gagnerai ma vie et je serai homme: il n'y a point de fortune au-dessus de cela.« (1)

ROUSSEAU parle quelquefois dans ses lettres à cette dame des promenades à Poissy. Dans ce village charmant, son ami et parent MUSSARD possédait une campagne, où le compositeur du *Devin du Village* aimait à séjourner. Tout la famille lui était chère et il était intimement lié avec le gendre de M. MUSSARD. C'était M. DE VALMALETTE, maître d'hôtel du roi, le *seul* homme de cour, qu'il connût alors. Il lui écrit en 1751 une lettre dont malheureusement il ne s'est conservé que le fragment suivant:

»Quel long et injuste silence! mon cher ami; mais j'étais malade et paresseux. Aujourdui que je suis malade, paresseux et libre; aujourdui que je me fous de tous vous autres gens de Cour, aujourdui que tous les Rois de la terre avec toutte leur morgue, tous leurs titres et tout leur or ne me feraient pas faire un pas« . . . . (2)

(1) *Oeuvres compl.* Correspondance. X. 72. Rousseau à Mme. de Créqui. Ce vendredi . . 1752. Il faut mettre 1751.

(2) Manuscr. de Neuchâtel,

III CONSEILS À UN CURÉ

Jean-Jacques Rousseau abjura à Turin le calvinisme au commencement de la dix-septième année de sa vie, le 21 août 1728, et fut reçu le 23 août 1728 par un nouveau baptême dans l'Église romaine. (1) Vingt-six ans après il reprit à Genève la religion de ses aïeux, et il y fut admis à la communion le dernier lundi du mois de juillet 1754. 2)

Pour cette longue période, pendant laquelle le citoyen de Genève appartint à l'église catholique, nous ne rencontrons que très-peu de témoignages de sa foi dans sa correspondance et dans ses oeuvres. Ce sont les suivants:

1) Lettre à Mademoiselle de Graffenried. Neuchâtel 1731. (été.) (3).

2) Testament de J. J. Rousseau. Le 27 juin 1737. (4)

3) Les vergers des Charmettes (1738), où on lit ces vers:

»Aveugles citoyens [de Genève] . . . .
. . . . .
Rappelez dans vos murs cette antique concorde
Heureux si, *reprenant la foi de vos aïeux*,
Vous n'oubliez jamais d'être libres comme eux. (5)

(1) Facsimile de l'acte d'abjuration de Jean-Jacques Rousseau à l'Archiconfrérie du Santo Spirito à Turin, en 1728. (Bulletin d'octobre.) Turin 1877. 1 page in-fol. — Voyez: *Calvin et Rousseau* etc. par Gaberel, Genève 1878. p. 155.

(2) Extraits des Registres du Consistoire de Genève. Facsim. (par Cramer). Du 1 août 1754. — Il faut remarquer, que, comme l'apostasie, la rentrée de Rousseau dans le calvinisme est restée à Genève assez longtemps le secret de la vénérable classe des Pasteurs et de quelques confidents de Rousseau. Le lecteur en a la preuve dans la brochure intitulée: *Lettre de l'homme civil à l'homme sauvage* (par Marin) Amsterdam 1763 in-12, laquelle se trouve aussi dans le *Recueil d'opuscules concernant les ouvrages et les sentimens de nos philosophes modernes sur la religion, l'éducation et les moeurs*. A la Haye. Chez Frederic Straatman M.DCC.LXV, p. 125—179.

(3) *Oeuvres complètes de J.-J. Rousseau*. Paris, Librairie Hachette et Cie. 1871. X. p. 4. 5.

(4) *Testament de J.-J. Rousseau trouvé à Chambéry en 1820* etc. publié par Antoine Métral, avocat. Paris. Baudouin frères. 1820. — Voyez Descortes, *Rapport (à l'Académie des sciences etc. de Savoie) sur la véritable découverte du testament de J.-J. Rousseau* etc.

(5) *Oeuvres compl.* VI. p. 6.

4) Prière composée par JEAN-JACQUES à la demande de Madame DE WARENS. (6) 1738?

5) Prière, commencant par ces paroles: »Ma conscience me dit combien je suis coupable« etc. (7) 1738?

6) Mémoire remis le 19 avril 1742 à M. BOUDET, antonin, qui travaille à l'histoire de feu M. DE BERNEX, évêque de Genève. (8)

7) Fragment d'une épître à M. BORDE. (Venise 1743): »Après un carême ennuyeux« etc. (9)

A ces documents imprimés ajoutons ici le fragment inédit d'une lettre, qui, appartenant à l'année 1751, peut bien servir à l'histoire du catholicisme de JEAN-JACQUES ROUSSEAU. Le voici:

»Enfin, mon cher abbé, vous voilà curé; je m'en rejouis de tout mon coeur et suis charmé d'avoir pour vous *Vates* à tous égards. Croyez, je vous prie, que mon amitié est à l'épreuve de la fortune. Malgré mon mépris pour tous les titres et pour les sots qui les portent, malgré ma haine pour tout ce qu'on appelle place et pour les fripons qui les occupent, je crois que je vous verrois même devenir Evêque sans cesser de vous aimer.

Assez d'autres vous feront des complimens sans se soucier de vous; pour moi qui suis vôtre ami je veux vous donner des conseils. Je crois vous marquer en cela beaucoup mieux mon attachement qu'en vous prodiguant tous les éloges que la flatterie n'ose refuser à ceux qui en sont indignes, mais que la bienséance, malheureusement pour le peuple, interdit envers ceux qui les méritent. Je serais Gros-Jean si vous voulez, mais il y a beaucoup moins de ces Gros-Jean-là que de Curés qui en auroient besoin.

Vous voilà libre enfin, c'est à dire assujeti à un seul maître, mais le plus impérieux de tous, qui est le devoir, car le joug de la raison, pour être moins sujet au caprice, n'est pas moins dur que la tyrannie des hommes, et il n'y a point d'esclave qui ait plus de peine à contenter son maître qu'un honnête homme en trouve à se contenter lui-même. C'est encore pis, quand on a d'autres gens sous sa conduite, alors la liberté n'est qu'apparente. C'est assez pour l'homme libre

(6) Ibid. XII. p. 359.
(7) A. Sayous, *Le dix-huitième siècle à l'étranger.* Paris 1861. I. 236 etc.
(8) *Oeuvres complètes.* XII. 291—294.
(9) Ibid. VI. 7. Le lecteur trouvera peut-être dans le fragment même l preuve qu'il fut écrit à Venise en 1743.

d'avoir à se gouverner lui-même, mais quiconque commande à d'autres a nécessairement des engagemens à remplir et n'est pas moins assujeti que ceux même qui lui obéissent.

De tous les tristes liens qui attachent un homme au-dessus des autres le votre me paraît le plus supportable. Vous allez être bienfaisant par état, un magistrat pacifique, un père. Vous serez en droit de faire tout le bien que vous voudrez sans que personne ose le trouver mauvais et nul n'aura le pouvoir de vous contraindre à mal faire.

Ces prérogatives, Monsieur, sont grandes, rares et n'appartiennent peut-être qu'à un Curé de campagne, car, outre que les Curés de ville me paraissent déjà de bien grands seigneurs pour être d'honnêtes gens, il sont trop éloignés de trouver dans leurs paroissiens la simplicité, la docilité nécessaire pour pouvoir les faire vivre sagement.

Car personne n'ignore qu'en obligeant le clergé à la continence on lui a rendu la chasteté impossible.

. . . .

Je consens que vous leur appreniez toutes les balivernes du Catéchisme, pourvu que vous leur appreniez aussi à croire en Dieu et à aimer la vertu, faites en des chrétiens puisqu'il le faut, mais n'oubliez pas le devoir plus indispensable d'en faire d'honnêtes gens . . . .«

Cette lettre, si importante en elle-même, nous intéressera encore davantage, si nous la comparons avec le passage suivant *d'Emile. (Oeuvres complètes* II, p. 282, 283.) »J'ai longtemps ambitionné l'honneur d'être curé, raconte le *Vicaire Savoyard* dans sa profession de foi, je l'ambitionne encore, mais je ne l'espère plus. Mon bon ami, je ne trouve rien de si beau que d'être curé. Un bon curé est un ministre de bonté, comme un bon magistrat est un ministre de justice. Un curé n'a jamais de mal à faire; s'il ne peut pas toujours faire le bien par lui-même, il est toujours à sa place quand il le sollicite, et souvent il l'obtient quand il sait se faire respecter. O si jamais de nos montagnes j'avais quelque pauvre cure de bonnes gens à desservir! je serais heureux, car il me semble que je ferais le bonheur de mes paroissiens« etc. etc.

L'homme d'Église à qui en 1751 ROUSSEAU écrivit cette lettre, paraît avoir été un homme de la même trempe que le *Vicaire Savoyard;* mais je l'ai cherché en vain parmi les connaissances du citoyen de Genève. C'est la date de la lettre seule que j'ai su trouver. Rousseau en écrivit le brouillon, conservé dans la bibliothèque de Neuchâtel, sur quelques feuilles, qui sont pliées pour former une espèce de cahier. L'une de ces feuilles porte au verso le fragment de la lettre écrite 1751 à M. de Valmalette et publiée par nous au No. II de ces Recherches. Le brouillon des *Conseils à un curé*, comme notre lettre est nommée dans le catalogue, est donc postérieur à la lettre à M. de Valmalette. Mais sur les dernières pages du même cahier on trouve des esquisses destinées à la »*Réponse de* Rousseau à M. Borde« et admises pour la plus grande partie dans la rédaction définitive de cet écrit. (»Il faut bien que je me borne . . . . . dont je n'ai pu saisir le fil.« *Oeuvres compl.* I, 61. »Les bons livres sont la seule defence . . . . nécessaires que ceux de la religion«. Ibid. p. 63. »Tous ces [les] reproches . . . . trouvée à la fin.« Ibid. p. 64.) Le »discours« de M. Borde fut lu à l'académie de Lyon au mois de juin 1751, et Rousseau publia la »*Réponse* à M. Borde« au commencement de l'année 1752. En conséquence le brouillon de sa lettre à un curé appartient à la seconde moitié de l'année 1751.

IV ROUSSEAU HISTORIEN

Nous n'entrerons pas ici dans des détails sur les études et les connaissances, les idées et les ouvrages historiques de ROUSSEAU. Disons seulement qu'il se proposait d'écrire une histoire du Valais et une autre des Corses, une biographie de CÔME DE MÉDICIS et une autre du bibliothécaire impérial de Vienne, M. DUVAL. (1) Mais il abandonna tous ces projets.

L'auteur du *Discours sur les sciences et les arts* prenait chez les anciens ses exemples de vertu, et parmi les peuples modernes il ne citait que celui des Suisses. Tout le monde attendait de lui une histoire de sa patrie, et il entreprit en effet une histoire de la constitution politique de Genève. Malheureusement il n'en termina que la première partie, dont nous devons la publication à M. JULES SANDOZ. (2) L'auteur y prétend »expliquer le gouvernement présent« de sa patrie. Cependant dit-il, »pour bien étudier les lois publiques d'un état moderne . . . . il faut les prendre à leur origine et suivre l'ordre de leur composition« . . . il faut »remonter à sa source et éclaircir souvant ce qui existe par ce qui s'est passé depuis fort longtemps.« (3) ROUSSEAU se vit amené à ces recherches par la sensation que la condamnation *d'Emile* et du *Contrat Social* produisit dans sa patrie, et il les rédigea probablement après la publication des *Lettres écrites de la Campagne* (par le procureur général Tronchin) et avant la composition de ses *Lettres écrites de la Montagne.* (1764.)

Le seul ouvrage historique, dans l'acception stricte de ce terme, qui soit sorti de la plume de ROUSSEAU, c'est l'histoire de Lacédémone. Elle existe en manuscrit à Neuchâtel. Écrite dans le style du *Discours sur les sciences et les arts,* elle respire

(1) *Oeuvres compl.*, *Confessions* VIII, p. 281 (1754) et IX, p. 78 (1765). — Bernardin de Saint-Pierre. *Oeuvres complètes.* Edition de Paris 1820. *Arcadia. Préambule* (tome IX, p. 80). —
Streckeisen-Moulton. *J.-J. Rousseau ses amis et ses ennemis.* Correspondance de Deleyre I. 185 etc. etc. (1759) etc. — Bodemann, *Julie von Bondeli.* Briefe an Zimmermann 21. Jan. und 28. Febr. 1763 (p. 252).

(2) *Histoire de Genève.* Fragments inédits de J.-J. Rousseau trouvés dans la bibliothèque de Neuchâtel et publiés par Jules Sandoz. Neuchâtel 1861. (40 pages.)

(3) Voyez note 2. *Histoire de Genève.* p. 4.

aussi l'esprit et les sentiments dont l'auteur était pénétré, principalement en 1752. On doit regretter qu'il ait renoncé à son travail, après en avoir fait le brouillon de la préface et du premier chapitre, mais ces fragments suffisent pour porter un nouveau jour sur ROUSSEAU historien, et personne ne méconnaîtra leur importance. Voici ce fragment:

HISTOIRE DE LACÉDÉMONE PAR J.-J. ROUSSEAU.
(Préface.)

»Dans la partie méridionale du Péloponèse du côté de l'orient est une contrée étroite appellée autrefois Lélégie, puis Laconie, et enfin Lacédémone arrosée par la rivière d'Eurotas, et dont la capitale porte le nom de Sparte.

C'est des habitans d'un païs si peu étendu que j'entreprends d'écrire l'histoire. Sans décider si jamais les plus puissans peuples en ont fourni de plus intéressantes, il me suffit de croire qu'on n'en proposera jamais à la considération des sages de plus propres à faire sentir ce que peuvent sur l'homme les loix et les moeurs et ce que peut l'homme lui-même quand il aime sincèrement la vertu. C'est donc honorer et instruire l'humanité que de ramasser ces précieux monumens qui nous apprennent ce que les hommes peuvent être en nous montrant ce qu'ils ont été.

Laissons à l'histoire moderne les details importans des naisances, des mariages, des morts de quelques princes, de leurs chasses, de leurs amours, de leurs ennuyeuses fêtes, de leurs tristes plaisirs et des misères de leurs peuples; laissons les recits infidèles et de leurs guerres et de leurs combats indifferens à ceux-mêmes qui les donnent.

Apprenons s'il se peut à nos contemporains qu'un tems a été qu'il existait des hommes et déplorons le malheur et la honte de notre siècle en nous voyant forcés à les chercher si loin de nous.

J'ai balancé longtems à me charger d'un travail que je sens au-dessus de mes forces, cette histoire étant la seule qu'aucun moderne n'ait encore osé tenter, je me trouvais autant plus téméraire de l'entreprendre que j'en croiais mieux apercevoir les difficultés; mais un penchant presque invincible m'a si longtems tourmenté, qu'enfin j'ai succombé à ce desir opiniâtre sachant que souvent le zèle supplée au talent et que l'ardeur de bien faire en est aussi le moyen.

Qu'on ne craigne pourtant que cette inclination me porte jusqu'à la partialité; je sais quels sont les droits sacrés de l'histoire; si j'honore Lacédémone, j'honore encore plus la vérité, et si cette histoire ressemble quelque fois à un panégyrique on doit moins s'en prendre à moi-même qu'aux vertus de ceux dont je parle, ou aux monumens que j'ai consultés.

Mais j'ai peine à concevoir comment la jalousie et l'incrédulité oseraient jetter des soupçons de flatterie sur des événemens aussi peu suspects à cet égard que ceux qui composent cet ouvrage. Tous transmis à la postérité par des nations étrangères ou ennemies, on doit présumer que le bien y est plus exténué que le mal; car quant aux Spartiates, laissant aux autres le soin de donner les preceptes de la vertu et contens d'en donner l'exemple, ils n'ont point avili leur gloire en l'exaltant; sans se louer eux-mêmes et soucier des louanges des leurs ennemis, ils les leur ont continuellement arrachées; braves et vertueux en silence, ils n'ont rien fait pour obtenir l'immortalité que de la mériter. Ce n'est pas qu'ils ayent toujours bien fait en toutes choses: ils étaient hommes et ils eurent des faiblesses; ils devinrent ambitieux, et ils commirent des crimes. A Dieu ne plaise que j'entreprenne d'excuser leurs fautes et que ma plume prête un coloris à leurs vices. J'atteste l'âme des Lecteurs à la lecture de cet ouvrage s'ils voyent autre chose dans la mienne que l'amour de la vertu et le desir d'obtenir d'eux en son honneur un si juste tribut de louange ou de blâme pour les hommes et pour les choses qui en seront dignes sans égard aux nations.

Je sens bien que le coeur s'échauffe et s'enflamme au récit des grandes actions; il est difficile que le stile ne s'élève et ne s'anime à proportion. Mais le mépris et l'indignation ont aussi leur véhémence et pourvu que ces sentimens soient equitablement distribués je me soucie fort peu qu'on me reproche d'avoir manqué de cette froideur grave recommandée aux historiens, je ne sais pourquoi, comme si la principale utilité de l'histoire n'était pas de faire aimer avec ardeur tous les gens de bien et détester les méchans.

Le plus grand inconvenient de celle que j'entreprends est qu'on y voit des hommes qui ne nous ressemblent presque en rien, qui nous paraissent hors de nature peut-être autant parceque nous y sommes nous-mêmes, que parce qu'ils y sont en effet. Leurs crimes nous feront horreur; quelque fois leurs vertus mêmes nous feront frémir. Egalement faibles et pusillanimes dans le bien et dans le mal, tout ce qui porte un certain caractère ne nous paraît plus possible. L'incredulité dont nous faisons parade est bien [plus] l'ouvrage de notre lâcheté que celui de notre raison. Mais le tort que la mauvaise foi des Lecteurs peut faire à un bon ouvrage ne doit pas l'emporter sur l'approbation d'un seul homme sensé qui en profite: c'est surtout en de pareilles occasions qu'il faut oublier la multitude et que celui qui travaille pour la vérité ne doit point songer au succès. Quant à moi-même quelque jugement l'on porte de cet écrit il me suffit pour être justifié devant le public de ne rien avancer que sur la foi de garants respectés et la plupart témoins des événemens; il me suffit pour ma propre satisfaction de n'avoir eu d'autre but de la composition de cette histoire que d'avilir les préjugés dont les hommes de mon tems nourrissent leur petitesse et les vices qui en sont l'ouvrage.

(Histoire de Lacédémone.)

Nous n'avons pas beaucoup de fables sur la fondation de Sparte. Les habitans qui cherchaient plus leur gloire dans le présent que dans le passé négligèrent ou dédaignèrent de donner à leur ville à l'imitation de touttes les autres une origine merveilleuse.

Il n'est guère vraisemblable que dans ces tems reculés on ait bâti tout d'un coup de grandes villes dans des lieux auparavant tout-à-fait inhabités. Il y a apparence que ces établissemens ayant commencé par quelques chaumières des paysans ou de vagabonds, s'étaient accrus insensiblement par le concours d'autres vagabonds attirés par les premiers ou par la commodité du lieu. A force d'augmentation les villes étant enfin devenues célèbres, leurs habitans ne pouvant trouver l'époque de leur fondation l'imaginèrent le plus avantageusement qu'ils purent sur quelques traditions populaires. C'est ainsi qu'il est permis de supposer celle de Sparte avec autant plus de vraisemblance que le païs n'ayant pas d'abord été fort peuplé ni même fort habitable, on peut suivre dans l'antiquité une partie des progrès qui rendirent enfin le sol si fertile et la ville si florissante.

En effet Pausanias et d'autres nous disent que le terrain étant auparavant marécageux soit par la multitude des petites rivières qui se débordaient dans les lieux bas, soit par les restes d'une extraordinaire inondation, fut coupé et dessseché par Eurotas et que le nom de ce prince demeura au canal principal qui recevant tous les autres devint une véritable rivière. Ils ajoutent que son gendre et successeur Lacédémone bâtit ou augmenta Sparte et l'appela ainsi du nom de sa femme: tandis qu'il donna le sien au païs. Enfin Eurysthène et Proclès fixèrent leur sejour en cette ville qu'ils embellirent encore et en firent pour toujours la residence Royale.

Je n'occuperai point l'attention du lecteur à parcourir la stérile et douteuse suite des Rois qui gouvernèrent Lacédémone depuis Lelex jusqu'au tems de la République.

J'ai peine à concevoir comment on ose nous donner sous le nom d'histoire le recueil cent fois altéré des fables opposées et presque toujours ridicules qui se debitoient dans chaque païs plusieurs siècles avant que personne songea à en rédiger les annales. D'ailleurs la sécheresse chronologique peut servir dans l'histoire générale à déterminer les âges des faits et les règnes contemporains, mais c'est visiblement abuser du temps que de faire dans une histoire particulière l'inutile revue des Princes qui n'ont fait que naître et mourir.

Si j'en rappelle ici quelques uns c'est autant que des traits de leur vie sont dignes de quelques réflexions ou que leur histoire offre des éclaicissemens nécessaires à celle des tems postérieurs.

La Royaume ayant donc passé par les femmes des descendans de Lelex à ceux de Lacédémone finit en eux aux Dioscures et passa derechef par Hélène, leur soeur, dans la maison des Atrides. Durant le règne de Tisamènes fils d'Oreste, le Péloponèse fut enlevé par la race d'Hercule à celle de Pélops, et le Royaume de Lacédémone en particulier échut à Aristodème; après sa mort une egale tendresse pour ses deux fils Eurysthène et Proclès ayant empêché la reine de déclarer lequel étoit l'aîné, ils montèrent conjointement sur le trône, et c'est par eux que commencèrent les deux branches des Héraclides qui sous le nom d'Agides et de Proclides ou Eurysthénides regnèrent conjointement à Lacédémone jusqu'à la fin de la république.

Cette division de la couronne et les jalousies qu'elle causa toujours entre les Rois associés furent la première cause du bonheur et de la gloire de Sparte, en forçant les deux Rivaux de briguer à l'envi la faveur du Peuple et de renoncer par degrés au despotisme qu'ils avaient usurpé. Eurytion, petit-fils de Proclès, fut le premier qui se relâchant de ses droits ou de ses prétensions força son collégue et ses successeurs à rencherir sur lui ou du moins à suivre son exemple, condescendance qui le fit si fort aimer de ses sujets qu'ils changèrent en sa faveur le nom de Proclides et leur donnèrent le sien, comme ils avaient donné à la famille d'Eurysthène celui d'Agis, son fils, pour avoir asservi les Ilotes.

Ce n'est pas que l'autorité Royale sacrifiée par de pareils motifs à la licence du Peuple produisit immédiatement un changement avantageux; au contraire, les particuliers qui secouaient ainsi le joug de la Tyrannie sans se soumettre à celui des loix en devenoient plus insolens sans en être plus heureux, et pour les garantir des outrages de deux hommes l'impunité les exposait à ceux de tous leurs ennemis. Mais cette espèce d'anarchie egalement funeste aux Princes et aux sujets disposa les uns et les autres à recevoir une meilleure police quand le tems vint de la leur présenter. Les Rois aimèrent mieux tenir de la Loy une autorité certaine et moderée que d'en avoir une précaire, absolue en apparence mais sans aucun pouvoir en effet, et le peuple préferant des Loix impartiales à des Rois méchans ou inutiles se trouva trop heureux de renoncer au pouvoir d'offenser autrui pour n'être plus offensé lui-même. Au reste les Rois ne cessèrent pas tout d'un coup d'être des Tyrans.

Les Ilotes ou Helotes étaient les habitans d'une ville maritime de la Laconie nommée Helos . . . .

. . . .

. . . .

Si quelque homme était digne, d'être le maître des autres, ce serait celui qui sait l'être de lui-même. Si quelque infidelité pouvait être permise pour sauver la patrie ce serait celle qu'on à force des vertus . . . .

. . . .

V ROUSSEAU COMPOSITEUR ET ÉCRIVAIN DRAMATIQUE

Il y a quelques années la Bibliothèque royale de Berlin acquérait la riche collection d'autographes de M. DE RADOWITZ. Cette collection contient entre autres trois pièces de la main de ROUSSEAU, dont l'une n'est que l'adresse du libraire BRIASSON avec le timbre de Genève; les autres sont deux lettres, l'une à M. HUBER, Montmorency, 24 décembre 1761, publiée depuis longtemps dans les œuvres de J. J. ROUSSEAU, et la seconde à M. LENIEPS. Cette dernière est encore inédite. (1)

A Monsieur LENIEPS
à Lyon.

A Paris, le 16 janvier 1753.

Voilà bien du silence, mon cher ami, mais vous connaissez mon temperament et mes maux. Mon cœur n'a point cessé d'être pour vous ce qu'il doit être et il n'y a que les fautes du cœur que l'amitié ne pardonne point.

Dites-moi comment vous vous trouvez dans vôtre nouvelle situation, donnez-moi des nouvelles de vôtre santé et de celle de mademoiselle vôtre fille. Je vous en donnerais des miennes si elles étaient assez bonnes pour vous faire plaisir, mais n'en parlons point jusqu'à un meilleur tems.

Je crois vous avoir écrit dans le tems qu'on avoit répresenté le *Devin du Village* à Fontainebleau. Je ne sais si j'ai ajouté que j'avais reçu une gratification de cent Louis. Cet ouvrage va dit-on être donné à Paris ce carnaval; mais je me soucie si peu de touttes ces choses que j'en suis toujours instruit des derniers.

(1) Pour comprendre les détails de cette lettre il faut voir: *Oeuvres compl.* correspondance X. p. 73. Rousseau à M. Lenieps, le 22 octobre 1752.

C'est M. DUCLOS qui s'est mêlé de tout cela et c'est contre son gré et le mien que mon ouvrage a été donné à la Cour.

Je vous ai envoyé vingt exemplaires de la *Serva Padrona* et M. CORNABÉ a bien voulu se charger de vous les faire tenir. Si vous trouvez occasion de les vendre, vous me ferez plaisir, mais ne vous tourmentez point pour cela, je vous en prie, d'autant plus que comme vous voyez je ne suis pas pressé d'argent.

M. DU VIGNAN est venu me voir plusieurs fois et je ne lui ai point rendu ses visittes. Je ne suis plus en état d'en faire et n'en ferai plus quoi qu'on en puisse dire. Telle est la condition que je mets au commerce de mes amis. Comme il n'y a point d'exception, personne n'est en droit de s'en plaindre.

J'oubliais de vous dire qu'on a donné à la Comédie français une petite pièce de ma façon (2) qui est tombée et qui le méritait bien. Voilà mes nouvelles

Encore un coup, donnez-moi des vôtres et surtout aimez-moi toujours.

ROUSSEAU.

Note de LENIEPS à la quatrième page, à côté de l'adresse :

ROUSSEAU.
Paris le 16 Jan. 1753.
Recue le 23 Jan.
Rép. le 16 Févr.

(2) *Narcisse, ou l'Amant de lui-même.* Comédie. Voyez: *Oeuvres compl.* V. p. 99 etc.

VI NOTES MARGINALES

ROUSSEAU aimait à remplir ses livres de notes marginales et il lui est même arrivé de ne pas épargner ceux des autres. C'est DUTENS qui a enrichi la littérature française en publiant les notes que l'auteur des *Confessions* a mises en marge de son exemplaire du livre de *l'Esprit* D'HELVETIUS. Malheureusement il n'avait par la moindre notion d'une copie diplomatiquement exacte et complète. MUSSET-PATHAY publia les *Notes et observations marginales mises par Rousseau sur quelques ouvrages*. Ce sont les suivantes: 1) un billet ou une espèce de dédicace à M. TISSOT, que l'auteur écrivit sur le faux-titre de sa *Lettre à l'archevêque de Paris*. 2) Une note écrite sur un ouvrage intitulé *L'optique ou le Chinois à Memphis* (par M. SAINT-PÉRAVI 1763). 3) Une note mise par ROUSSEAU en 1776 sur un cahier de musique de M. LEFEBURE. 4) Notes inédites de J.-J. ROUSSEAU sur l'ouvrage intitulé »*La Botanique mise à la portée de tout le monde* etc.« par les sieur et dame REGNAULT etc. 1774. (1) Ces derniers temps on a très bien décrit les exemplaires de *l'Imitation de Jésus-Christ*, d'un traité de trigonométrie, du *Dictionnaire de musique* de ROUSSEAU et d'un recueil de brochures relatives à la querelle des Bouffons, volumes qui firent partie de la bibliothèque du philosophe genévois et qu'il avait enrichis de notes écrites de sa main. (2) La bibliothèque de Genève posséde un exemplaire de l'édition *d'Emile*, imprimée à Amsterdam 1762, IV vol. in -12 dans lequel l'auteur a fait lui-même beaucoup de corrections très-importantes. — THÉRÈSE LEVASSEUR parle dans une lettre à M. DU PEYROU (le 6 mars 1780) d'un exemplaire de Métastase avec des notes marginales et des observations de la main de ROUSSEAU, dont le marquis DE GIRARDIN s'était emparé. Le cahier de musique de M. LEFEBURE et *La Botanique* de REGNAULT ne furent pas les seuls livres, qui, bien qu'appartenant à autrui, sont remplis de l'écriture de ROUSSEAU. Il emprunta de son ami DU

(1) *Lettres à M. D. B.* [de Bure] *sur la réfutation du livre de l'Esprit d'Helvetius, par J.-J. Rousseau avec quelques lettres de ces deux auteurs:* [par Dutens]. Londres et Paris 1779. in 8o. — Musset-Pathay, *Oeuvres inédites de J.-J. Rousseau etc.* Paris 1827. I. p. 272—275 et 283—371.

(2) (A. P. Malassis) *La querelle des Bouffons etc.* Paris 1876. in 8o. — Jal, *Dictionnaire critique de Biographie* etc. article: J.-J. Rousseau.

PEYROU [illegible] *ictionnaire philosophique* de VOLTAIRE et y fit aussi en marge[illegible] critiques. DU PEYROU lui déclara que par là il avait donné à son livre un prix inestimable, et lui demanda seulement si les deux B à l'article »Matière«, signifiaient peut-être »bien à lire?« (3) Nous ne doutons point, que les notes marginales de ce *Dictionnaire philosophique* de VOLTAIRE ne valent celles du livre de *l'Esprit* D'HELVETIUS. Mais jusqu'ici nous avons cherché en vain ce précieux exemplaire. — En revanche nous pouvons offrir autre chose au lecteur.

Le Parlement de Paris, la Sorbonne et l'archevêque de Paris condamnèrent successivement *l'Emile*. »Quand des quidams« écrit ROUSSEAU le 27 mars 1763 à Mme DE VERDELIN, »sous le nom de Sorbonne, ont voulu se porter juges de mon livre, et se sont aussi bêtement qu'insolemment arrogé le droit de me censurer, après avoir parcouru rapidement leur sot écrit, je l'ai jeté par terre et j'ai craché dessus pour toute reponse. Mais je n'ai pu lire avec le même dédain le mandement qu'a donné contre moi M. l'archevêque de Paris . . . . . ne le jugeant donc pas indigne d'une reponse, j'en ai fait une qui a été imprimée en Hollande.« (4)

L'auteur d'*Emile* ne dit nulle part s'il réclama encore contre l'arrêt du Parlement, dont s'indignèrent jusqu'à ses ennemis. Cet arrêt parut sous ce titre:

»*Arrest de la cour de Parlement qui condamne un Imprimé ayant pour titre, Emile ou de l'Education; par* J. J. ROUSSEAU, *imprimé à la Haye* . . . . . . MDCCLXII *à être lacéré et brûlé par l'Exécuteur de la Haute Justice. Extrait des Registres du Parlement. Du 9. Juin 1762.*« Ce sont huit pages in 4° dont six et une petite partie de la septième sont couvertes de caractères. La septième porte encore à la fin ces mots: »A Paris chez P. G. SIMON, Imprimeur du Parlement, rue de la Harpe, à l'Hércule 1762.«

L'exemplaire de ROUSSEAU se conserve encore à la bibliothèque de Neuchâtel. Il a écrit à l'encre ses censures sur les marges, article par article. Nous donnerons, dans les pages suivantes, chaque fois en premier lieu le passage de *l'Arrest*, puis la critique de l'auteur d'*Emile*.

RÉPONSE DE J. J. ROUSSEAU A L'ARREST DU PARLEMENT.

Arrest p. 2: »Que cet ouvrage ne paroit composé que dans la vue de ramener tous à la Religion naturelle et que l'auteur s'occupe dans le plan de l'Education qu'il prétend donner à son Elève, à développer ce système criminel.«

(3) Mme Rousseau à M. Du Peyrou, le 6 mars 1780. Manuscr. de Neuchâtel. Du Peyrou à M. J. J. Rousseau, le 2 decembre 1764. Manuscr. de Neuchâtel.

(4) Rousseau à Mme de Verdelin, à Motiers, le 27 mars 1763. Journal *l'Artiste*. Année 1840. — Voyez: *Oeuvres compl. Confessions* IX. 45.

Rousseau: »La morale dictée par la loy naturelle cette lumière universelle qui *éclaire* tout homme venant en ce monde est donc un sistème criminel. BAYLE et [Mme de] GUYON sont décédés, leurs sectateurs ont adopté leur horrible doctrine, le pape la foudroie, l'église gallicane s'en est preservée.«

A. p. 2: »Qu'il borne l'homme aux connaissances que l'instinct porte à chercher,«

R.: »L'on va voir que l'instinct et la raison sont également proscrits dans ce réquisitoire et que l'homme ne doit plus être un animal ni raisonnable.«

A. p. 2: (Continuation de la phrase précédente.) »flatte les passions comme les principaux instrumens de notre conservation, avance qu'on peut être sauvé sans croire en Dieu, parce qu'il admet une ignorance invincible de la Divinité qui peut excuser l'homme.«

R.: »L'autheur a . . . . . dit: point de vertu sans la foy; en effet on pourrait conclure de l'ignorance invincible de la divinité, si cet autheur avait rapporté à la foy la certitude de l'existence de dieu.«

A. p. 2: . . . . être suprême, que cet auteur croit honorer en parlant avec impiété du culte extérieur.«

R.: »il le respecte et le reclame, mais il ne croit pas que les hommes doivent s'entregorger pour la forme de [du] culte.«

A. p. 2: . . . . »que conséquemment à ce sistème, de n'admettre que la religion naturelle quelle qu'elle soit chez les différens peuples.«

R.: »La religion naturelle est unique éternelle et immuable en tous païs; elle est essentiellement intolérante pour les devoirs envers dieu et envers le prochain, elle est le fondement de toutes les loix politiques et de toute la morale civile; c'est le prince qui en est le souverain juge et le souverain pontife.«

A. p. 3: »il ose essayer de détruir la vérité de l'Ecriture sainte et des Prophéties.«

R.: »C'est de l'évidence incontestable et non de la vérité dont il s'agit dans le livre de l'autheur; toutes les religions chrétiennes ont pour base la révélation; ROUSSEAU n'en rejette aucune, il n'exclue donc pas la révélation, il croit qu'il doit rester dans la religion chrétienne où il est né; les chretiens ont disputé quelques points de la révélation, l'on a lu de part et d'autre l'écriture et les prophètes, on a emploié le fer et le feu: la vieille querelle est restée, les esprits se sont refroidis, le fanatisme a disparu, le calme s'est retabli, les enthousiastes même auroient honte aujourdhui de s'animer contre le langage des protestants.«

A. p. 3: (Continuation.) »et que ramenant tout à cette Religion naturelle dans laquelle il n'admet *qu'un culte* et *des loix arbitraires*«

R.: »Quel dédain, grand dieu, et quel bouleversement! on détruit dans ce réquisitoire l'idée du juste et de l'injuste absolu; o verbe divin, lumière éternelle, on ne vous reconnaît plus icy!«

A. p. 3: . . »il entreprend de justifier non-seulement toutes les religions, prétendant qu'on s'y sauve indistinctement, mais même l'infidelité et *la resistance* de tout homme à qui l'on voudroit prouver la divinité de Jesus Christ.«

R.: »Cette resistance sincère ne peut cesser que par la foy qui est un don de dieu, qui n'est point accordé à tous les hommes; mais les commandemens de dieu sont pour les hommes et sont obligatoires ainsi que les loix du prince pour les hommes indépendamment de la foy. Or dans le sistème de ce réquisitoire, celui qui n'aurait pas la foy ne serait pas obligé de les observer, puisqu'il les observerait en vain pour son salut. Voilà le Jansenisme dogmatique tout à decouvert sur les fleurs de lis. On confond donc icy avec la foy la croyance d'une vie future, du mérite et du démérite des autres, de la punition et de la recompense après la mort et de toutes vérités consequentes à la religion naturelle qui ont été crues dans tous les temps par tous les peuples privés de la révélation.«

A. p. 3: (Continuation) »et l'existence de la Religion chrétienne qui *seule* a *Dieu pour auteur*«

R.: »l'ordre immuable et eternel a aussi pour autheur l'être suprême.«

A. p. 3: »Que tels sont les principes impies et détestables que se propose d'établir dans son ouvrage cet Écrivain *qui soumet la Religion à l'examen de la raison.*«

R.: »Sans la raison nul discernement entre la vérité et l'erreur. Attaquer la raison c'est éteindre la lumière qui nous éclaire, c'est attaquer la véracité de dieu et par consequent la révélation.«

A. p. 3: . . »qui n'établit qu'une foi purement humaine et qui n'admet de vérités et de dogmes en matière de Religion, qu'autant qu'il plait à l'esprit livré à ses propres lumières, ou *plutôt à ses égaremens,* de les recevoir ou de les rejetter.«

R.: »La loy naturelle, fondement de la legislation civile, n'est donc qu'égarement! le magistrat abandonne son écritoire, il change de maître et d'état.«

A. p. 3*:* . . »qu'à ces impiétés il ajoute des *details* indecens.«
R.: »ces details qui appartiennent au sujet sont serieusement et duement énoncés.«

A. p. 3*:* (Continuation) »des propositions qui tendent à donner un caractère faux et odieux à l'autorité souveraine, à *détruire* le principe de l'obéisance qui lui est dûe«

R.: »le surcharge n'est pas menagé.«

A. p. 4: »Que seraient d'ailleurs des sujets élevés dans de pareils maximes, si non des hommes préoccupés du *scepticisme et de la tolérance.*«

R.: »O digne journée de la Saint-Barthélemy, sanctifiée par les Jesuites, reprouvée par le parlement dans les livres *des assertions,* composés pour instruire le clergé de France! mais l'on prescrit icy une religion qui proscrit la raison et la loy naturelle, qui reclame la persécution. Est ce là la religion qui eclaire les hommes, est ce là l'ordre immuable et éternel, cette règle souveraine du createur et de la creature intelligente! Il faut une religion dans les états, mais il faut que l'on y croie une religion forcée qui exclut la raison et n'est pas la religion des hommes.«

A. p. 4: »Que l'auteur de ce Livre n'ayant point craint de se nommer lui-même, ne scauroit être trop promptement poursuivi; qu'il est important, puisqu'il s'est faire connoître, que *la justice se mette à portée de faire un exemple* tant sur l'auteur que sur ceux qu'on pourra découvrir avoir concouru soit à l'impression, soit à la distribution d'un pareil Ouvrage digne comme eux de tout la sévérité.«

R.: »L'intolérance civile sur les articles de foy qui a tant exterminé d'hommes et bouleversé de sociétés et d'états est si dangereuse qu'elle ne doit être décidée que par la législation souveraine et avec toutes les précautions qu'exigent des loix si violentes; car les loix extrêmes doivent être limitées, variées, suspendues, abolies suivant les temps et les circonstances, parce qu'elles ne peuvent être licitées qu'autant qu'elles sont bonnes à réprimer les desordres du fanatisme, des sectaires, des enthousiastes et des intolerants. Ainsi rigoureusement parlant ce ne sont que des loix politiques et non des loix d'intolérance qui violentent la foy sincère des citoiens. L'intolérance ecclesiastique n'est qu'une séparation en règle des fidèles d'avec les infidèles, mais une intolérance civile en cet-égard est une violence cruelle qui s'exerce sur les citoiens et qui ne doit être donnée à la jurisdiction du tribunal qu'avec beaucoup de circonspection et de reserve par l'authorité suprême. Cette justice serait subreptice surtout étant établie sur des principes si inconnus, si extraordinaires; quelle terrible inquisition! Mais elle ne proscrit pas le danger de faire des exemples qui déroutent et irritent les autheurs et qui renvoient aux presses étrangères la liberté de penser.«

VII HISTOIRE CRITIQUE DE LA RÉDACTION DES CONFESSIONS

Dans les pages suivantes le lecteur ne trouvera que peu de fragments inédits de ROUSSEAU. Mais ces fragments, d'une importance assez grande en eux-mêmes et se rattachant aux découvertes qui nous avons pu faire dans les manuscrits et les imprimés, ces fragments nous permettent de reconstruire l'histoire de la rédaction des *Confessions* et de résoudre ainsi un problème qui jusqu'ici n'a pas même été posé.

ORIGINE DU PROJET

ROUSSEAU pensait avoir accompli sa mission en écrivant *l'Emile* et le *Contrat Social.* Ces deux ouvrages étaient encore sous presse, lorsque le libraire MARC MICHEL REY d'Amsterdam se mit à »presser« ROUSSEAU d'écrire l'histoire de sa vie. Loin de douter qu'il y eût dans cette vie »des particularités« de nature à lui »faire tort« et à ternir sa réputation, et ne voyant que de la lumière dans son caractère, REY lui recommandait d'entreprendre cet ouvrage pour »honorer sa mémoire« et pour »contribuer à corriger les hommes«. (1) Si ROUSSEAU ne voulait pas avoir des égards pour lui-même, il en devait aux autres. »Pour ma vie«, écrit-il à REY le 6 janvier 1762, »il est difficile qu'elle soit mise en état de paraître, parce qu'elle est mêlée de beaucoup de faits qui en sont inséparables et qui compromettraient le secret d'autrui;« et le 23 janvier 1762: »Il y a pour la publication de ma vie, même après ma mort, de grands obstacles qui ne sont pas faciles à lever; mais ne pourrait-on pas faire quelque chose d'équivalent qui satisferait de même la curiosité du public et pouvait contenter également l'honnête désir que vous avez d'honorer ma mémoire?« (2)

Alors déjà l'auteur de la *Nouvelle Héloïse* avait eu l'idée de réunir une collection des lettres qui concernaient ce roman,

(1) Lettres de Rey à Rousseau en 1760 etc. et principalement: Rey à M. J. J. Rousseau du 3 mars 1762. Manuscrits de Neuchâtel.

(2) *Lettres inédites de Jean Jacques Rousseau à Marc Michel Rey,* publiées par J. Boscha. — Rousseau à Rey le 6 janvier 1762, p. 129, et le 23 janvier 1762, p. 134.

afin que la postérité pût juger, sur des documents authentiques, de la sensation extraordinaire qu'il avait produite en France et en Europe. Ayant donc pris la résolution de faire à peu près la même chose pour l'histoire de sa vie, et jeté les yeux sur le monceau de lettres et de notes qu'il possédait, sans parler de celles qu'il avait déchirées ou perdues, il se mit sur l'heure à trier et à ranger ces précieux documents. Il se proposait de confier à REY tous ceux qui avaient quelque importance pour la connaissance de son caractère et de sa vie après les avoir réunis en liasses et dûment scellés, en recommandant bien au libraire d'Amsterdam, de ne les publier qu'après sa mort. (3) Trois ans plus tard il se décidait à laisser à la postérité l'histoire de sa vie accompagnée d'un recueil de »pièces justificatives«, qu'il allait copier lui-même. Mais »quant aux lettres originales,« mandait-il à REY le 18 mars 1765, »pour qu'au besoin elles servent de preuves, qu'elles soient mises dans un dépôt public«. (4)

Dès l'hiver de 1761 à 1762 ROUSSEAU se disait lui-même que ses mémoires n'étaient pas »fort intéressants par *les faits*«; mais en même temps il sentait »qu'ils pourraient le devenir par la franchise que l'auteur y mettrait; et il résolut d'en faire un ouvrage unique par une véracité sans exemple, afin qu'au moins une fois on pût voir un homme tel qu'il était en dedans». (5) Il reconnut toujours »la véritable vie« d'un homme dans »la manière d'être intérieure«; (6) et de très-bonne heure s'appropriant »ce connais-toi toi-même du temple de Delphes«, il chercha »à connaître la destination de son être avec plus d'intérêt et de soin qu'il n'en avait trouvé dans aucun autre homme.« (7) A ce désir ardent de la connaissance de soi-même s'alliait chez lui le désir de révéler tout son être à ses amis. Au moment même où il refusait d'écrire sa vie, parce qu'il ne voulait point compromettre le secret d'autrui, il exposait à M. DE MALESHERBES »son caractère et l'histoire de son âme«. (8) »Quoi qu'il en soit«, clot-il le 28 janvier 1762 la quatrième et dernière lettre sur ce sujet, »me voilà tel que je me sens affecté . . . . . Si ce tableau trop véridique m'ôte votre bienveillance, j'aurai cessé

(3) Boscha. Rousseau à Rey le 18 février 1762 p. 138.
(4) Boscha. Rousseau à Rey le 18 mars 1765. p. 251.
(5) *Oeuvres complètes*, *Confessions*. VIII. p. 371.
(6) Félix Bovet, *Fragments inédits des Confessions de J.-J. Rousseau* etc. *Revue Suisse*, numéro d'octobre 1850, et en même temps »Extrait de la *Revue Suisse* etc.«, Neuchâtel, Imprimerie Henri Wolfrath. — p. 8.
(7) *Oeuvres compl.*, *Confessions* VIII. p. 58 etc, et *Rêveries* IX. p. 347 et ailleurs.
(8) *Oeuvres compl.*, *Correspondance*. Rousseau à M. de Malesherbes le 26 octobre 1762. X. 375. — Les »quatre lettres consécutives« de Rousseau à M. de Malesherbes sont des 4, 12, 26 et 28 janvier 1762. V. Corresp. X. 297. 300. 304, 307.

d'usurper ce qui ne m'appartenait pas; mais, si je la conserve, elle m'en deviendra plus chère, comme étant plus à moi.« (9)

Sur ces entrefaites la vie extérieure de ROUSSEAU avait pris une notoriété peu désirable. De »l'Arrest« du Parlement de Paris contre l'auteur d'*Emile* prononcé le 9 juin 1762, date pour lui la triste partie de sa vie, où il acquit »la célébrité des malheurs«, dont »le bruit . . a rempli l'Europe«. (10) »Vous me parlez de ma vie«, écrit-il-à REY, Motiers le 16 novembre 1762; »on me fournit comme vous voyez, d'amples mémoires pour l'augmenter . . . . . . Depuis six mois ma vie est devenue malheureusement un ouvrage d'importance, qui demande du temps et des réflexions.« (11) Alors s'occupant des matériaux de ses mémoires il »souhaitait ardemment d'avoir une copie« des quatre lettres à M. DE MALESHERBES, et la sollicita par sa lettre du 26 octobre 1762. (12)

En attendant, ses ennemis se gardaient bien de lui laisser le loisir et la tranquillité nécessaires. »Il faut«, s'écrie-t-il, »malgré moi reprendre la plume;« (13) et »pour défendre sa personne« il écrivait en 1762 le chef-d'oeuvre: »J. J. ROUSSEAU *citoyen de Genève*, à CHRISTOPHE DE BEAUMONT, *archevêque de Paris* etc.« C'est la dernière fois qu'il a signé »citoyen de Genève«. Par la lettre du 12 mai 1763 à M. FAVRE, premier syndic de la République de Genève, il »abdiqua à perpétuité son droit de bourgeoisie et de cité dans la ville et république de Genève«. (14) »Cette démarche ouvrit enfin les yeux aux citoyens« (15) et causa dans sa patrie des troubles qui ne cessèrent qu'en 1768. ROUSSEAU y jouait un grand rôle, et pour »faire son apologie et celle de la bourgoisie de Genève« il composa en 1764 les »*Lettres écrites de la Montagne*«.

Malgré ces travaux difficiles et étendus, ROUSSEAU ne perdit jamais de vue ses mémoires, et, profitant de l'occasion, il donna, dans l'exorde de sa lettre à l'archevêque de Paris, une esquisse de l'histoire de sa vie publique, qui est un des plus beaux morceaux sortis de sa plume incomparable. (16)

On conçoit, que les amis intimes de ROUSSEAU ne cessèrent jamais de l'exhorter à composer l'histoire de sa vie. »On m'a dit, lui écrivait MOULTOU de Genève, le 4 janvier 1763, »que vous aviez écrit des mémoires sur votre vie, et que vous les avez remis en dépôt à M. DE MONTMOLLIN (pasteur de Motiers).

(9) ibid. 310.
(10) Félix Bovet, *Fragments* etc. p. 9.
(11) Boscha, Rousseau à Rey; le 16 novembre 1762. p. 172.
(12) Voyez: note 8.
(13) V. note 11.
(14) *Oeuvres compl. Corresp.* IX. p. 61.
(15) *Oeuvres compl. Confessions* IX. p. 48.
(16) *Oeuvres compl. J. J. Rousseau*, *citoyen de Genève à Christophe de Beaumont* etc. III. p. 58—62.

Cela est-il vrai? Si vous ne les avez pas écrits, vous feriez bien de les écrire.« (17) Et DUCLOS se fait entendre dès Paris le 24 février 1764: »J'ai toujours désiré que vous fissiez des mémoires particuliers de votre vie; il me semble que vous les aviez commencés. Je trouve dans *Héloïse* et dans *Emile* des morceaux qui sont plus copiés qu'imités de la nature. Ce n'est pas ainsi qu'on imagine.« (18). »Pour songer aux mémoires de ma vie, lui répondit ROUSSEAU, le 2 décembre 1764, il faut plus de tranquillité qu'on ne m'en laisse et que je n'en aurai probablement jamais; si je vis toutefois, je n'y renonce pas.« Mais »ils sont trop difficiles à faire sans compromettre personne.« (19)

»Car malheureusement, s'ouvre-t-il à MOULTOU le 29 janvier 1763, »n'ayant pas toujours vécu seul, je ne saurais me peindre sans peindre beaucoup d'autres gens; et je n'ai pas le droit d'être aussi sincère pour eux que pour moi, du moins avec le public et de leur vivant.« (20)

Ce sentiment délicat fut enfin étouffé par la publication du pamphlet diabolique de VOLTAIRE, intitulé »*Sentiment des Citoyens*«, dans lequel on avait non seulement inséré les plus affreux mensonges, mais divulgué aussi des secrets que ROUSSEAU avait versés dans le sein de ses plus intimes amis. »Ils travaillent beaucoup à me faciliter l'entreprise d'écrire ma vie«, déclare-t-il le 13 janvier 1765 à DUCLOS; . . . »il vient de paraître à Genève un libelle effrayante, pour lequel la dame D'ÉPINAY à fourni *des mémoires à sa manière*, lesquels me mettent déjà fort à mon aise vis-à-vis d'elle et de ce qui l'entoure. Dieu me préserve toutefois de l'imiter, *même en me défendant!* mais sans révéler les secrets qu'elle m'a confiés, il m'en reste assez de ceux que je ne tiens pas d'elle *pour la faire connaître autant qu'il est nécessaire en ce qui rapporte à moi.* Elle ne me croit pas si bien instruit, mais puisqu'elle m'y force, elle apprendra quelque jour combien j'ai été discret. Je vous avoue cependant que j'ai peine encore à vaincre ma répugnance, et je prendrai du moins mes mesures pour que rien ne paraisse de mon vivant.« (21)

C'est ainsi que ROUSSEAU se décida à écrire son histoire, qu'il appelait »la plus grande entreprise de sa vie«. »L'ouvrage,« annonce-t-il à Rey le 18 mars 1765, »est déjà commencé, et je vois à vue de pays que ce sera un ouvrage aussi considérable que singulier. Car jamais homme n'aura fait une entreprise semblable et ne l'aura exécutée comme je me propose de le faire; j'ai de quoi, et l'abondance de mes matériaux m'étonne moi-même. Le recueil seul des lettres, mémoires et pièces justifi-

(17) Streckeisen-Moultou. *J.-J. Rousseau ses amis et ses ennemis* I. 71 etc.
(18) Streckeisen-Moultou. Ibid. I. 302.
(19) *Oeuvres compl. Corresp.* XI. 176.
(20) Ibid. XI. 33.
(21) Ibid. XI. 198.

catives composera du moins deux forts volumes in octavo et je ne doute pas que la vie, à ne la prendre que jusqu'ici, ne passe la même étendue; mais c'est aussi une entreprise longue à exécuter.« (22)

LES MATÉRIAUX

Les documents, dont l'auteur des *Confessions* se servit pour son travail, sont principalement les lettres qu'il avait écrites et celles qu'on lui avait adressées; or les premières autant qu'elles existaient encore, se trouvaient entre les mains d'autrui et dispersées dans la moitié de l'Europe. ROUSSEAU n'avait pris que depuis peu l'habitude de faire des brouillons de ses lettres ou d'en conserver les copies. Au grand dépôt de ses manuscrits à Neuchâtel il y a, il est vrai, l'original d'une de ses lettres écrite à Cluses le 30 août 1733 à madame DE WARENS, et d'une autre adressée à M. DANIEL ROGUIN, Paris le 9 juillet 1745; mais nous ne saurions dire, quand ces précieux restes sont entrés dans cette magnifique collection. La correspondance complète de ROUSSEAU avec du PEYROU, Madame de FRANQUEVILLE et d'autres y fut ajoutée assez longtemps après sa mort. Pour les brouillons, nous avons eu le bonheur d'en découvrir quelques-uns qui, appartenant à l'année 1751, furent sauvés par hasard et que le lecteur trouve aux Nos. II et III de ces Recherches.

Si nous cherchons à Neuchâtel, dans la Collection de lettres adressées à ROUSSEAU et qui comptent par milliers, des lettres relatives à la première période de sa vie, nous n'en rencontrons aucune antérieure à 1745, une seule de cette année [M. DE VOLTAIRE à J. J. ROUSSEAU, du 15 décembre 1745] et après celle-ci plus aucune jusqu'à l'année 1754. (22a) Si la lettre à ROGUIN, du 9 juillet 1745, n'était pas alors à la disposition de ROUSSEAU, il en est de même de la réponse écrite sur la même feuille que nous avons publiée au No. I de ces Recherches.

Ainsi l'auteur des *Confessions* put affirmer, que leur première partie (contenant les années 1712 –1742) (22b) a été toute écrite de mémoire.« (23) Selon toute apparence il ne possédait pas même une collection des opuscules en vers ou en prose qu'il avait composés à cette époque; et FRÉRON lui fit une surprise peu agréable, en publiant dans ses feuilles, en 1765, un certificat d'un miracle, donné en bonne forme plus de vingt ans auparavant par le même ROUSSEAU qui attaquait si fort les miracles dans ses *Lettres écrites de la Montagne*. (24)

(22) Boscha, Rousseau à Rey le 18 mars 1765. p. 251.

(22a) C'est la lettre de M. Du Pan à J.-J. Rousseau, écrite pendant le séjour de ce dernier à Genève (1754) et encore inédite. Manuscr. de Neuchâtel.

(22b) Le texte dit 1741.

(23) *Oeuvres compl. Confessions* VIII. 195.

(24) *Oeuvres compl. Conf.* VIII. p. 85. Rousseau ne savait comment Fréron avait déterré ce certificat. — Serait Grimm le traître? Il écrivit

En composant l'histoire de sa jeunesse ROUSSEAU ne regretta qu'une longue lettre de l'année 1731, lettre contenant une espèce d'autobiographie qu'il avait composée à la demande de M. DE LA MARTINIÈRE, secrétaire d'ambassade à Soleure. Ayant appris, que cette lettre était conservée chez M. DE MARIANNE, il pria M. DE MALESHERBES de tâcher de lui en procurer une copie. »Si je puis l'avoir . . . ., promet-il aux lecteurs, on la trouvera dans le recueil qui doit accompagner mes *Confessions.*« (25) Cependant il ne réussit pas, et la lettre n'a vu le jour que dans l'édition de DUPONT, Paris 1824, in 8°.

Le recueil de documents s'ouvre donc par la lettre de VOLTAIRE à ROUSSEAU, du 15 décembre 1745; (26) et la première liasse des originaux, cotée liasse A, contient encore la lettre de GRIMM à ROUSSEAU, du 28 octobre 1757. (27) Une lettre de Mme D'ÉPINAY à ROUSSEAU, datée de Genève le 1 décembre 1757, a déja trouvé sa place dans la liasse B, no 11. (28) Nous assistons au travail de l'auteur en lisant les paroles suivantes, qu'il écrit à son ami DU PEYROU, Paris, le 24 décembre 1765: »Je pense que vous ferez bien . . . . de m'envoyer toutes les lettres et autres papiers relatifs à mes mémoires, parce que mon projet est de rassembler et transcrire d'abord toutes mes pièces justificatives; après quoi je vous renverrai les originaux à mesure que je les transcrirai. Vous devez en avoir déjà la première liasse; j'attends, pour faire la seconde, une trentaine de lettres de 1758, qui doivent être entre vos mains.« (29)

Dès longtemps une indiscrétion avait privé REY de l'honneur d'être le dépositaire des manuscrits de ROUSSEAU. (30) Celui-ci pensa depuis à MOULTOU de Genève (31) et à DUCLOS de Pa-

dans sa correspondance le 15 janvier 1765: »Il (Rousseau) écrit aujourdhui contre les miracles, et par un hazard unique il a attesté autrefois juridiquement un miracle fait par l'évêque d'Annecy en Savoie.« (*Correspondance littéraire* etc. par Grimm, Diderot etc. Paris 1878. VI. p. 181.) Et nous lisons dans une lettre que Grimm écrivit à la duchesse de Saxe-Gotha, le 7 mars 1765: »J'ai dit que par un hazard unique l'auteur (Rousseau) en avait attesté un (miracle) autrefois juridiquement. Je sais que l'Evêque d'Annecy s'avisa, il y a trente ou quarante ans, de faire je ne sais plus quel miracle, qu'on fit signer une déposition à tous les témoins oculaires du prodige et que M. Rousseau . . . . se trouva au nombre de ces témoins.« [Charavay, *Revue des documents historiques* etc. 1878. V. p. 39 etc.] — Fréron a publié le certificat de Rousseau dans son *Année litteraire* 1765, cahier IX. p. 260 etc. [Du Peyrou à Rousseau le 23 avril 1765. Manuscr. de Neuchâtel].

(25) *Oeuvres compl. Conf.* VIII. p. 111.

(26) *Oeuvres compl. Confessions* VIII. p. 238: »Voici sa réponse, dont l'original est dans la liasse A, no. 1.«

(27) Ibid VIII. p. 346: »La réponse de Grimm etc. Je vais la transcrire ici (Voyez liasse A, no. 59).«

(28) Ibid. p. 349: »En voici le texte (liasse B, no 11).«

(29) *Oeuvres compl. Corresp.* IX. 302.

(30) Boscha p. 138.

(31) *Oeuvres compl. Corresp.* Rousseau à Moultou le 29 janv. 1763. IX. 32 etc.

ris. (32) Mais il finit par se décider pour DU PEYROU, lorsque celui-ci se fut substitué en 1765 à la compagnie de Neuchâtel pour l'édition complète des oeuvres du philosophe genévois. Même après avoir annullé en 1768 le traité relatif à cette édition, ROUSSEAU a non seulement laissé tous ses papiers entre les mains de DU PEYROU, mais il lui a encore annoncé, en 1769, qu'un second dépôt était à sa disposition. (33 a) Une seule fois, au printemps de 1765, il a voulu séparer les deux entreprises de l'histoire de sa vie et de l'édition complète de ses oeuvres. »Il faut, écrivait-il à REY, le 18 mars 1765, que ma vie me fasse vivre et . . . qu'elle me procure annuellement . . six cents francs«.

Le libraire accepta avec empressement cette proposition, par lettre du 27 mars; mais la réponse de l'auteur, en date du 27 avril, lui donna la certitude que cette affaire n'était point faite pour lui. (33 b)

PLAN PRIMITIF ET CANEVAS DE L'OUVRAGE

ROUSSEAU avait non seulement une connaisance extraordinaire des littératures ancienne et moderne, mais aussi un admirable talent pour trouver des épigraphes et des devises. Parfois ses lecteurs s'en étonneraient davantage encore, s'ils lisaient les passages entiers dont il n'a pris qu'une partie. Sublime est sa devise: »Vitam impendere vero«! mais en rapprochant ces paroles de celles qui précèdent, on trouvera encore la condamnation des contemporains de ROUSSEAU . . . . »nec civis erat qui libera posset Verba animi proferre et vitam impendere vero«. (34) Pour l'histoire de sa vie ROUSSEAU choisit l'épigraphe: *Intus et in cute* (35) même avant d'en avoir trouvé le titre. »La vie, de votre malheureux ami, écrit-il à MOULTOU le 29 janvier 1763, que je regarde comme finie, est tout ce qui me reste à faire, et . . . . l'histoire d'un homme, qui aura le courage de se montrer *intus et in cute* peut être de quelque instruction à ses semblables«. (36) Ce passage ne nous révèle-t-il pas tout le plan des *Confessions?*

Quant au titre, l'auteur a songé longtemps à nommer son livre *Mon Portrait.* Dans une lettre à DESCHAMPS, il dit que l'on est toujours bien dépeint, en se peignant soi-même, quel-

(32) Ib. Rousseau à Duclos, le 2 décembre 1764. XI. 177.

(33 a) Ibid. Rousseau à Du Peyrou le 12 janvier 1769. XII. 133.

(33 b) Boscha p. 251. — Rey à Rousseau le 27 mars 1765. Manuscr. de Neuch. — Boscha p. 257. — Rey à Rousseau le 31 mai 1765. Manuscr. de Neuch.

(34) Juvénal, Satir. IV. 90. 91.

(35) Perse, Satir. III. 30. ». . . . . *ego te intus et in cute novi* «

(36) Voyez la note 31.

que peu ressemblant que soit le portrait. (37) Ne révélons nous pas notre caractère par la manière même dont nous nous peignons? Cependent ROUSSEAU se vanta aussi d'avoir le courage unique de se montrer *intus et in cute.* »J'ai beaucoup à dire, écrit-il le 13 janvier 1765 à DUCLOS, et je dirai tout; je n'omettrai pas une de mes fautes, pas même une de mes mauvaises pensées. *Je me peindrai tel que je suis.*« (38)

Dès la fin de l'année 1764 il avait jeté sur le papier, sous le titre de *Mon Portrait*, une espèce d'introduction et quelques réflexions, destinées à l'histoire de sa vie. Nous lisons dans cette ébauche: ». . . . . . de la manière dont je suis connu dans le monde, *j'ai moins à gagner qu'à perdre à me montrer tel que je suis* . . .« (39) Au surplus, et ROUSSEAU le savait dès le 6 janvier 1762, il y avait des personnes qui lui voulaient du bien et qui avaient le dessein *d'honorer sa mémoires* par des *écrits publics.* (40) Il pouvait donc dire dans *Mon Portrait:* »*à ne consulter que mon intérêt, il serait plus adroit de laisser parler de moi les autres que d'en parler moi-même*«. (41) Mais cette heureuse opinion fut totalement détruite par la publication du pamphlet intitulé *Sentiment des Citoyens.* Le malheureux ROUSSEAU s'y vit tout-à-coup »cruellement traité dans le caractère« et »déchiré sans ménagement.« La douleur et la rage le saisirent, et son esprit fut profondement irrité. Au lieu de s'attendre pour l'avenir aux éloges et aux honneurs, il dut penser dès lors à se défendre contre les calomnies les plus horribles. Il est donc évident que ROUSSEAU écrivit *Mon Portrait* avant de connaître le *Sentiment des Citoyens.*

Il en reçut le premier avertissement par D'IVERNOIS de Genève qui lui écrivait, le premier janvier 1765, que ses ennemis l'accusaient d'être un débauché et un père dénaturé, et d'avoir exposé ses enfants à la porte d'un hôpital; (42) ce même ami lui envoyait le 2 janvier, l' »infâme brochure«. (43)

Ainsi le fragment *Mon Portrait* doit appartenir à la période qui précéda le mois de janvier 1765; et si nous nous rappelons que ROUSSEAU écrivait, le 2 décembre 1764, à DUCLOS qu'il n'avait pas encore entrepris la composition de l'histoire de sa

(37) Emile Beaussire, *Antécédents de l'hégélianisme dans la philosophie française. Dom Deschamps* etc. Paris 1865. p. 163. Mais le savant auteur, qui ne qualifie le passage de Rousseau que de paradoxal, ne l'a pas compris. — (La lettre de Rousseau à Deschamps est de l'automne de 1761.) —

(38) Voyez la note 21.

(39) Streckeisen-Moultou. *Oeuvres et correspondance inédites de J.-J. Rousseau* p. 289.

(40) Boscha p. 129.

(41) Voyez la note 39.

(42) D'Ivernois à M. J.-J. Rousseau, le 1 janvier 1765. Manuscr. de Neuchâtel.

(43) D'Ivernois à M. J.-J. Rousseau, le 2 janvier 1765. Manuscr. de Neuchâtel.

vie, nous pouvons dire que l'esquisse intitulée *Mon Portrait* vit le jour entre le 2 décembre 1764 et le 2 janvier 1765.

Nous en avons trois éditions, l'une de M. JULES RAVENEL, l'autre de M. STRECKEISEN-MOULTOU et la troisième de M. JULES SANDOZ. (44) Cependant j'ai découvert encore des fragments qui en font également partie.

A différentes reprises, ROUSSEAU a décrit sa manière de travailler. Jamais auteur n'étudia si longtemps et si à fond les livres, les hommes et soi-même, uniquement pour étudier, pour éclaircir son propre esprit et pour former son propre caractère. »De toutes mes études, dit-il dans les *Rêveries*, que j'ai tâché de faire en ma vie au milieu des hommes, il n'y en a guère que je n'eusse faites également seul dans une île déserte où j'aurais confiné pour le reste de mes jours.« (45) ROUSSEAU ne débuta dans la carrière d'auteur qu'à trente-sept ans passés; c'est pourquoi il put la terminer avant sa quarante-septième année par une longue suite de chefs-d'oeuvre. Déjà son premier discours renfermait en germe toutes ses idées fondamentales. Mais il dit lui-même, qu'il »ne se hâta point de développer ces nouvelles vues; que l'exemple de ses adversaires lui apprenait combien il est nécessaire de réfléchir et de méditer avant que de produire.« (46)

ROUSSEAU traitait les sujets avec un soin méticuleux et polissait son style avec une patience infinie. (47) Néanmoins il n'a consacré à aucun autre ouvrage tant d'années et tant de travail qu'aux *Confessions*: il n'en jeta le canevas sur le papier qu'après les avoir préparées et méditées trois ans. On sait que l'auteur *d'Emile* méditait même pendant ses insomnies ou sur son lit de douleur. Toute la productivité de son génie se développait à la promenade. Rentré chez lui »il jetait ses pensées éparses et sans suite sur des chiffons de papier«, sur des pages blanches de lettres ou d'enveloppes, sur des cartes à jouer: toujours comme le hasard les lui suggérait. Ces brouillons existent encore en assez grand nombre à la Bibliothèque de Neuchâtel. STRECKEISEN-MOULTOU, BOUGY et d'autres en ont publié un grand nombre, mais pas un seul n'a indiqué ou n'a su indiquer les oeuvres ou les passages

(44) Streckeisen-Moultou, *Oeuvres et correspondance inédites de J.-J. Rousseau*. 1861. p. 285—290. — Jules Sandoz: *Bibliothèque universelle*. No. 46, du 20 octobre 1861. — Ces deux éditeurs ignorèrent que M. Jules Ravenel avait publié longtemps avant eux-mêmes »*Mon Portrait*, morceau inédit de J.-J. Rousseau«, dans la *Revue rétrospective* tome V prem. série p. 469 etc.

(45) *Oeuvr. compl.*, *Rêveries*. (Promen. III.)

(46) Streckeisen-Moultou. *Oeuvres* etc. *Fragment biographique* p. 338.

(47) Félix Bovet, *Discours sur les Richesses* par J.-J. Rousseau p. 3. 4. Je trouve dans la *Correspondance littéraire* etc. par Grimm, Diderot etc. Paris 1878. V. p. 46 (fevrier 1762), que Camille Falconet, docteur régent de la faculté de médecine à Paris etc. écrivait aussi ses observations sur des cartes dont il a laissé 90,000.

auxquels ils se rapportent ou dont ils sont les ébauches. Dans les *Pensées détachées* de STRECKEISEN-MOULTOU on reconnaît facilement les suivantes comme appartenant à *Mon Portrait*:

1) »Je ne suis point sensible . . . . pag. 351
2) »Il est impossible qu'un homme . . . . - 352
3) »Les traits du visage . . . . - 352
4) «Si les princes sont peints . . . . - 352
5) »En me disant: j'ai joui, je jouis encore . . . . - 354
(voyez *Mon Portrait* p. 287. »Je jouis encore du plaisir qui n'est plus?)
6) »Consumé d'un mal incurable . . . . - 354
7) »Jl n'y a que moi seul (48) . . . . - 366

Le fragment de *Mon Portrait* débute par ces mots: »Je vois que les gens qui vivent le plus intimement avec moi ne me connaissent pas.« Mais nous avons découvert sur trois chiffons de papier le véritable premier jet de l'exorde. Le voici:

1) »J'écris la vie d'un homme qui n'est plus; mais que j'ai bien connu, qu'âme vivante n'a connu que moi et qui merita de l'être. Cet homme c'est moi-même. Lecteurs, lisez attentivement cet ouvrage; car bien ou mal fait il est unique en son espèce [et le sera probablement autant que durera le genre humain]. (*) La condition qui peut le rendre tel« . . .

2) »Lecteurs, je pense volontiers à moi même et je parle comme je pense. Dispensez-vous donc de lire cette préface si vous n'aimez pas qu'on parle de soi.«

3) » . . ils prétendent que c'est par vanité qu'on parle de soi. Eh bien, si ce sentiment est en moi, pourquoi le cacherois-je? Est-ce par vanité qu'on montre sa vanité? Peut-être trouverois-je grâce devant des gens modestes, mais c'est la vanité des lecteurs qui va subtilisant sur la mienne . . .

Si je sors un moment de la règle, je m'en écarte à cent lieues. Si je touche à la bourse que j'amasse avec tant de peine, aussitôt tout est dissipé.

A quoi cela était-il bon à dire? à faire valoir le reste, à mettre de l'accord dans le tout; *les traits du visage ne font leur effet que parce qu'ils y sont tous; s'il en manque un, le visage est défiguré.* Quand j'écris je ne songe point à cet

(48) Streckeisen-Moultou. *Oeuvres etc.* »*Pensées détachées*« p. 351 etc.
(*) [. .] effacé dans le manuscrit.

ensemble, je ne songe qu'à dire ce que je sais et c'est de là que resulte l'ensemble *et la ressemblance du tout à son original.* (*)

ROUSSEAU MODIFIE LE PLAN ET LE TITRE PRIMITIFS.
IL REJETTE LES PREMIÈRES ÉBAUCHES

Tous les partisans de ROUSSEAU à Genève s'attendaient à ce qu'il fermât la bouche aux ennemis qui l'accusaient des plus horribles crimes dans l'»infâme brochure« intitulée *Sentiment des Citoyens.* (49)

ROUSSEAU prit son parti le 6 janvier 1765; il fit lui-même réimprimer le libelle, chez DUCHESNE à Paris, mais non sans y ajouter une déclaration solennelle, où il nie simplement toutes les fautes qu'on lui reproche. »Ceux qui ne se payent pas de mots, écrivait GRIMM dans sa *Correspondance*, le 1 février 1765, diront que nier n'est pas répondre.« (50) On sent dans ces paroles toute la bile d'un ami transformé en adversaire. Le malheureux ROUSSEAU jugea indispensable ce démenti public au moment où son nom, devenu l'enseigne de l'opposition, à Genève, devait paraître sans tache et sans reproche. Pour lui-même il n'attendait que l'occasion de révéler toute la vérité.

L'auteur de la *Nouvelle Héloïse* et d'*Emile* avait exposé dans ces livres, avec la plus touchante éloquence, que nous n'expions nos fautes ni nos crimes que pas le remords et par la confession. »La honte, dit-il, corrompt plus de coeurs honnêtes que les mauvaises inclinaisons«; elle nous ferme la bouche, elle nous fait même mentir. JULIE exhorte son amant à préserver son coeur surtout de la mauvaise honte; (51) et dans le trait suivant de SAINT-PREUX nous reconnaissons encore ROUSSEAU. »Je ne craignais que la honte, avoue-t-il lui-même, mais je la craignais plus que la mort, plus que le crime, plus que tout au monde . . . . l'invincible honte seule fit mon impudence; et plus je devenais criminel, plus l'effroi d'en convenir me rendit intrépide.« (52) Mais plus la honte est forte, plus est grand le mérite de la vaincre. JULIE déclare à SAINT-PREUX, qui a eu le courage d'avouer une faute: »je vous connaissais trop pour ignorer ce qu'un pareil aveu devait vous coûter . . . . . je trouvai moins de tort dans votre faute que de mérite à la confesser.« (53) Dans l'histoire de Sophie, épouse d'Emile, l'auteur nous donne

(*) Une très petite partie de ce troisième fragment se retrouve dans Streckeisen-Moultou p. 352.

(49) Lettre de M. d'Ivernois à M. J.-J. Rousseau, le 1 janvier 1765. Manuscr. de Neuchâtel.

(50) *Correspondance etc.* par Grimm *etc.* VI. 199.

(51) *Oeuvres complètes. Nouvelle Héloïse* IV. 207.

(52) Ib. *Confessions* VIII. 60.

(53) Ib. *La Nouvelle Héloïse* IV. 240.

un exemple de la plus parfaite expiation: elle »aimait mieux être punie que pardonnée . . . elle croyait ne pouvoir effacer sa faute qu'en l'expiant. . . . . C'est pour cela qu'*intrépide et barbare dans sa franchise, elle dit son crime . . . . taisant en même temps ce qui l'exusait, ce qui la justifait peut-être* . . .« (54)

Le coeur d'un homme qui a une notion si élevée de la confession, de quels sentiments doit-il avoir été pénetré, lorsqu'il niait, en face de l'Europe, sa plus triste faute, l'exposition de ses enfants? ROUSSEAU pensait, il est vrai, devoir ce démenti à la cause de son parti à Genève. Mais en même temps il cherchait tous les arguments de nature à calmer et à satisfaire sa conscience. »La honte accompagne l'innocence, griffonne-t-il alors sur une carte à jouer, le crime ne la connaît plus.« (55) Et depuis ROUSSEAU a pu dire qu'il avait triomphé de lui-même en révelant la triste faute à tous ses amis, même à tout le monde. Car il se rappela alors le passage suivant de son *Emile:* » . . Je prédis à quiconque a des entrailles et néglige de si saints devoirs [les devoirs d'un père], qu'il versera longtemps sur sa faute des larmes amères et n'en sera jamais consolé;« (56) et ROUSSEAU notait dans un de ses calepins: »Tout lecteur sentira, je m'assure, qu'un homme qui *n'a nul remords* de sa faute ou qui *veut la cacher au public se* gardera de parler ainsi«. (57) L'auteur d'*Emile* n'a-t-il donc pas fait par là devant les hommes, tout ce qu'exigeaient ses maximes? »En méditant mon traité de l'Education, dit-il beaucoup plus tard dans ses *Confessions*, je sentis que j'avais négligé des devoirs dont rien ne pouvait me dispenser. Le remords enfin devint si vif, qu'il m'arriva *presque l'aveu de* ma faute au commencement d'Emile et *le trait même est si clair qu'après un tel passage il est surprenant qu'on ait eu le courage de me le reprocher.*« (58) ROUSSEAU s'était même persuadé, avoir expié sa faute, comme devant les hommes aussi devant dieu, par la composition *d'Emile.* »Vous devez savoir, écrivit-il le 11 décembre 1760 à son ami M. LENIEPS, et je crois vous l'avoir dit que j'ai quitté pour ma vie le métier d'auteur. *Il me reste encore un vieux péché à expier sous la presse,* après quoi le public n'entendra plus parler de moi.« (59a) »Malheur à vous — apostrophe-t-il en 1764 les lecteurs des *Lettres de la montagne,* si durant cette lecture *(d'Emile)* votre coeur ne bénit pas cent fois l'homme vertueux et ferme qui ose instruire ainsi les humains . . . . J'espère un jour dire au Juge suprême: Daigne juger dans ta clémence un homme faible; j'ai fait le mal sur la terre, mais

(54) *Oeuvres compl.*: *Emile et Sophie* III. p. 15.
(55) Streckeisen-Moultou. *Oeuvr. et corr. inéd.* p. 364.
(56) *Oeuvres compl. Emile* II. 16.
(57) Fritz Berthoud. *J.-J. Rousseau au Val de Travers.* 1762—1765. p. 363.
(58) *Oeuvres compl. Confessions* IX. 37.
(59a) *Oeuvres compl. Correspondance* X. p. 245.

j'ai publié cet écrit.« (59b). — Neanmoins cette mauvaise action pesait de nouveau et plus accablante que jamais sur sa conscience, et il ne trouvait de consolation que dans une victoire complète sur sa honte. Ne pensant pouvoir effacer sa faute qu'en l'expiant, il résolut de dire, comme cette épouse vertueuse de son *Emile* »intrépide et barbare dans sa franchise«, toutes ses fautes et de faire à l'humanité entière »sa confession, non sa justification.« (60)

Ce fut dans ces dispositions d'esprit que ROUSSEAU écrivait à DUCLOS, le 13 janvier 1765 : »J'ai beaucoup à dire, et je dirai tout,« (61) et à Mme de VERDELIN, le 25 Mai 1766: »Malheureusement j'aurai beaucoup à dire, mais je dirai tout; nul homme jusqu'ici n'a fait ce que je me propose de faire et je doute qu'un autre en fasse autant après moi.« (62) Dans la nouvelle introduction qu'il composa en 1765 pour l'histoire de sa vie, il déclare au public: »Peu d'hommes ont fait pis que je ne n'ai fait et jamais homme n'a dit de lui même ce que j'ai à dire de moi . . . . . Je serai vrai; je le serai sans réserve: je dirai tout, le bien, le mal, tout enfin . . . J'y dis de moi des choses très-odieuses et dont j'aurais horreur de vouloir m'excuser . . . ce sont mes confessions à toute rigueur. Il est juste que ma réputation expie le mal que le désir de la conserver m'a fait faire.« (63) Après s'être infligé cette pénitence héroïque, ROUSSEAU sentit sa conscience déchargée devant Dieu et devant les hommes et sans tarder il se rendit à lui-même ce témoignage: »La persécution m'a élevé l'âme. Je sens que l'amour de la vérité m'est devenu cher parcequ'il me coûte. Peut-être ne fut-il d'abord pour moi qu'un système; il est maintenant ma passion dominante. C'est la plus noble qui puisse entrer dans le coeur de l'homme. J'ose dire qu'elle était faite pour le mien.« (64)

Avec toutes ses fautes ROUSSEAU se trouve non seulement meilleur que les hommes qui, après sa rupture avec eux, ont trahi la confiance de l'amitié et violé le plus saint de tous les pactes; (65) il a encore une si sûre conscience de sa valeur morale, qu'il écrit à DUCLOS, le 13 janvier 1765: » . . le mal offusquera presque toujours (dans ma vie) le bien; et malgré cela, j'ai peine à croire qu'*aucun de mes lecteurs ose se dire: Je suis meilleur que ce ne fut cet homme*-là.« (66) »Mais que chaque lecteur m'imite, demande-t-il dans l'Introduction mentionnée de

(59b) *Oeuvres compl. Lettres écrites de la Montagne* III. 125.
(60) Ib. *Confessions* VIII. 255.
(61) Ib. *Corresp.* Voyez la note 21.
(62) Rousseau à Mme de Verdelin, Woolton le 25 mai 1766. V. le Journal *l'Artiste* 1840.
(63) Félix Bovet, *Fragments inédits des Confessions etc.* p. 11. 12. 13.
(64) Fritz Berthoud p. 363 (note de Rousseau trouvée dans un de ses calepins 1765).
(65) *Oeuvres compl. Confessions* VIII. 254. 255.
(66) Voyez la note 21.

1765, qu'il entre en lui même, comme j'ai fait, et qu'au fond de sa conscience il se dise, s'il ose: Je suis meilleur que ne fut cet homme-là.« (67) Enfin au commencement des *Confessions* nous retrouvons ce sentiment dans les paroles suivantes: » . . . J'ai dévoilé mon intérieur tel que tu l'as vu toi-même, être éternel. Rassemble autour de moi l'innombrable foule de mes semblables, qu'ils écoutent mes confessions . . . . . . Que chacun d'eux découvre à son tour son coeur au pied de ton trône avec la même sincérité; et puis qu'un seul te dise, s'il l'ose: Je fus meilleur que cet homme-là.« (68)

Précisément au moment, où ROUSSEAU prenait la résolution de faire de l'histoire de sa vie l'expiation de cette même vie, il en rejetait le titre de *Mon Portrait* et lui subtituait celui de *Confessions*.

Assurément un biographe dont le but était de se faire connaître *intus et in cute*, ne pouvait qu'entreprendre une espèce de confession. Et, en effet, ce mot même s'était présenté sous la plume de l'auteur. »Quand je me chercherai un confesseur, écrivait-il à MOULTOU, le 29 janvier 1763, ce ne sera sûrement pas un homme d'église; car je ne regarde pas mon cher MOULTOU comme tel.« (69) »Confesser mes fautes, lisons-nous dans une lettre à l'abbé * * * en date du 11 novembre 1764, est une chose utile pour m'en corriger, parceque me faisant une loi de dire vrai, je serais souvent retenu d'en commettre par la honte de les révéler.« (70) Enfin immédiatement après cette lettre ROUSSEAU insérait dans le brouillon de *Mon Portrait* le passage suivant: »Je ferai, si l'on veut, comme les dévotes catholiques, je me confesserai pour eux (pour les autres hommes) et pour moi.« (71) Cependant on ne tardera pas à reconnaître qu'en parlant de la sorte l'auteur était très loin encore de la sombre gravité, dont nous venons de voir l'origine et qui lui imposait ce devoir solennel de faire »ses confessions à toute rigueur.« La première fois que, dans sa correspondance, il intitula sa vie *Mes Confessions*, ce fut dans une lettre du 4 juillet 1765, adressée à DU PEYROU. (72) Mais, nous allons le voir, il y avait déjà nombre de mois qu'il avait rejeté, avec le titre de *Mon Portrait*, tout le canevas de sa vie qui portait ce titre, et qu'il en avait jeté sur le papier un autre intitulé: »*Les Confessions de J. J. Rousseau. Contenant le détail des événemens de sa vie, et de ses sentimens secrets dans toutes les situations où il s'est trouvé.*«

(67) Félix Bovet. *Fragments etc.* p. 13.
(68) *Oeuvres compl. Confessions* VIII. 1.
(69) *Oeuvres compl. Correspond.* Voyez la note 20.
(70) Ibid. IX. 172.
(71) Streckeisen-Moultou, *Oeuvres et corr. inéd.* p. 285.
(72) *Oeuvres compl. Corresp.* XI. 258.

Qui va se confesser se figure travailler à son propre salut. Néanmoins ROUSSEAU, en expiant son mal par ses *Confessions* proclame qu'il y rendait un service sans pareil à toute l'humanité. »Si je remplis, lisons-nous dans le manuscrit cité: »*Les Confessions . . . . Contenant le détail* etc.«, »si je remplis bien mes engagemens j'aurai fait une chose unique et utile«; et, plus de dix ans après, il qualifiait encore ses *Confessions* d'ouvrage »unique et utile.« (73) Souvent il s'y est expliqué lui-même. »Je conçois, annonçe-t-il dès 1764 dans »*Mon Portrait*«, un nouveau genre de service à rendre aux hommes; c'est de leur offrir l'image fidèle d'un d'entre eux, afin qu'ils apprennent à se reconnaître« (74). Et dans les *Confessions . . . Contenant le détail etc.:* »J'ai résolu de faire faire à mes lecteurs un pas de plus dans la connaissance des hommes, en les tirant, s'il est possible, de cette règle unique et fautive de juger toujours du coeur d'autrui par le sien; tandis qu'au contraire il faudrait souvent pour connaître le sien même commencer par lire dans celui d'autrui . . . . Je veux tâcher que, pour apprendre à s'apprecier, on puisse avoir du moins une pièce de comparaison, que chacun puisse connaître soi et un autre, et cet autre, ce sera moi« . . . . . . Cet ouvrage »sera toujours par son objet un livre précieux pour les philosophes: c'est, je le répète, une pièce de comparaison pour l'étude du coeur humain, et c'est la seule qui existe.« (75)

La seule qui existe? ROUSSEAU a soutenu cette thèse jusqu'à son dernier soupir et il était même persuadé que son entreprise n'aurait point d'imitateur. (76) Mais il se contenta d'exposer que ni MONTAIGNE ni CARDAN ne le satisfaisaient; (77) au surplus il supprima cette exposition dans la rédaction définitive de ses *Confessionz.* A MONTAIGNE il revient deux fois: en passant, dans les *Confessions* mêmes, et dans les *Rêveries.* (78) Pour le philosophe CARDAN, il se tait sur son compte dans ses oeuvres imprimées. Mais la chose la plus surprenante c'est le silence absolu de ROUSSEAU sur SAINT AUGUSTIN, chaque fois qu'il a à parler de ses prédécesseurs. »JEAN JACQUES«, dit la Correspondance littéraire de GRIMM en juillet 1782, »n'est pas le seul homme célèbre qui ait eu la fantaisie de se confesser à la postérité. SAINT AUGUSTIN en avait donné l'exemple, à sa manière, dans ses *Confessions;* CARDAN, le subtil CARDAN, l'avait imité dans son livre de *Vita propria,* ouvrage plein de folie et de superstition, mais où l'on trouve pour le moins autant de naïvetés, autant d'aveux secrets, autant de menus détails très-intérieurs et très-bizarres, que dans

(73) Félix Bovet, *Fragm. inéd.* p. 9 et 4.
(74) Streckeisen-Moultou. *Oeuvres et corr. in.* p. 289.
(75) Félix Bovet, *Fragments inéd.* p. 6 etc. et 13.
(76) *Oeuvres compl. Conf.* VIII. 1. Voyez: Lettre à Mme de Verdelin, du 25 mai 1766. *L'artiste* 1840. — Félix Bovet, *Fragm. inéd.* p. 4.
(77) Félix Bovet, ib. p. 8, 9.
(78) *Oeuvres compl. Conf.* VIII. 371. *Rêveries* IX. 330.

les Mémoires de Rousseau.« L'auteur de la *Correspondance littéraire*, après y avoir cité un article de Cardan sur la puissance des femmes, continue: »Cardan et Saint Augustin avouent, comme Jean-Jacques, leur goût pour le vol« et finit par parler des aventures du sieur d'Assoucy (1677 et 1679) et des Mémoires du cardinal de Retz. (79) Je ne saurais dire si Rousseau a connu tous les imitateurs de Saint Augustin avant Cardan, Eunode par exemple; mais en tout cas il n'ignorait point l'existence de Pétrarque, dont il ne parle pas non plus. Nous n'exposerons pas les affinités entre Rousseau et le Père de l'Eglise, et dirons seulement qu'il avait étudié longtemps et à fond ses écrits. Il cite même un passage des Confessions de Saint Augustin dans la lettre à M. de Beaumont, c'est à dire en 1762, époque où il méditait déjà l'histoire de sa vie. (80) Et en écrivant cette histoire il n'a pas oublié l'oeuvre de Saint Augustin. Les paroles suivantes dans »*Mon Portrait*«: »Je vois que les gens qui vivent le plus intimement avec moi ne me connaissent pas«, ces paroles nous rappelent celles du Père de l'Eglise: »*Multi . . . me noverunt et non noverunt;*« et si Rousseau veut se montrer *intus et in cute*, le saint docteur veut se faire entendre« *confitentem me quid ipse intus sim.*« (81)

PREMIÈRE RÉDACTION DES CONFESSIONS
(Fragment)

»L'ouvrage est déjà commencé«, mande Rousseau à Rey, le 18 mars 1765; (82) et durant un séjour du 3 au 13 juillet, à l'île de la Motte (ou de Saint-Pierre) il employa »ce loisir à repasser un peu les événements de sa vie et à préparer ses *Confessions*«. (83) Telles sont les deux seules indications de Rousseau que nous ayons trouvées à l'égard du travail durant l'année 1765. Mais nous savons exactement où il en était à l'expiration de cette période. La bibliothèque de Neuchâtel conserve un manuscrit portant le titre: *Les Confessions de J.-J. Rousseau. Contenant le détail des évènemens de sa vie, et de ses sentimens secrets dans toutes les situations où il s'est trouvé.*« (*) Nous en avons déjà fait mention et donné des extraits à plusieurs reprises. Il contient 128 pages écrites et se termine au milieu d'un passage. En marge de la 44me page, où l'auteur commence

(79) *Correspondance etc.* par Grimm etc. XIII. 166. 167.
(80) *Oeuvres. Lettre à M. de Beaumont* III. 87. (*Augustini Confessiones* lib. XII. cap. XXV).
(81) *Augustini Confessiones* lib. X. cap. III.
(82) Voyez la note 33b.
(83) *Oeuvres compl. Corresp.* Rousseau à M. Du Peyrou le 4 juillet 1765. — Voyez aussi les lettres du 15 juillet au même et du 20 juillet à M. d'Ivernois. XI, 258 etc.
(*) Félix Bovet, *Fragm. inéd.* a publié l'Introduction et quelques passages de cette rédaction des *Confessions*.

le récit de son apprentissage chez le notaire MASSERON à Genève, il y a la note suivante au crayon, de sa main: »Repris ici à Wootton.« Ainsi 43 pages et $\frac{3}{4}$ étaient mises au net avant le moment où ROUSSEAU dut quitter la Suisse. Nous avons vu qu'alors il avait terminé la copie de la première liasse des pièces justificatives (1745—1757). (84) Entre les mains de son ami DU PEYROU, qui était le dépositaire de tous les manuscrits et documents de ROUSSEAU, se trouvaient aussi alors les brouillons de toute la première partie des *Confessions*. En voici la preuve:

»Il est impossible que nul autre que moi déchiffre ces brouillons, qui contiennent l'histoire de ma jeunesse jusqu'à mon depart pour Paris en 1741 [1742]. Gardez-les toutefois; si jamais nous nous revoyons je pourrai les mettre au net; sinon vous en pourrez toujours tirer par ci par là quelques anecdotes qui vous expliqueront bien des choses du caractère de votre ami qui n'est comme personne« . . . (85)

Ce billet, sans adresse, sans date et sans signature, ne peut avoir été écrit par ROUSSEAU qu'à son dépositaire DU PEYROU et à la fin de son séjour dans l'île de Saint-Pierre, lorsqu'il lui fit remettre ses plus précieux manuscrits, entre les 22 et 25 octobre 1765. (86)

Les *brouillons* mentionnés sont dispersés ou perdus; mais il en existe encore des fragments ou plutôt des ébauches à la façon de ROUSSEAU. Parmi les *Pensées détachées* publiées par STRECKEISEN-MOULTOU, les suivantes sont relatives à l'Introduction: 1) »Ne connaîtrons jamais l'homme . . . . . p. 355. 356. [Voyez FÉLIX BOVET, *Fragm. inéd.* p. 7.] 2) Ne viendra-t-il jamais un homme sensé qui remarque la maligne adresse . . . . p. 365. [Voyez FÉLIX BOVET, *Fragm. inéd.* p. 10. 11.] Nous avons eu la chance de découvrir encore à Neuchâtel des ébauches très-importantes, qui se rapportent à l'histoire de la vie même de ROUSSEAU, et qui nous en révélent quelques traits jusqu'ici inconnus. Elles sont griffonnées, comme tant d'autres, sur des chiffons de papier. Les voici:

1) Je coûtai la vie à la meilleure des mères [et] ma naissance fut [a tous égards la] ma première infortune.

Ces lignes peignent bien l'auteur *d'Emile*. Elles sont griffonnées sur le revers d'une enveloppe qui porte l'adresse »A. M. ROUSSEAU

(84) *Oeuvres compl. Correspond.* Rousseau à M. Du Peyrou, Paris le 24 décembre 1765. XI. 302. Voyez la note 29.

(85) Manuscr. de la Biblioth. de Neuchâtel.

(86) Voyez les *Oeuvres compl. Corresp.* des lettres du 22—25 octobre 1765. XI. 288.

citoyen de Genève à Montmorency« et qui, Dieu sait par quel hasard, s'est conservée jusqu'à nos jours. Les paroles entre parenthèses sont biffées de la main de ROUSSEAU, qui, dans le texte définitif, donna ainsi ce passage: »Je coûtai la vie à ma mère et ma naissance fut le premier de mes malheurs.«

2) Cette sévérité m'était cent fois plus délicieuse que n'auraient été ses faveurs.

Il me semble qu'elle me battait comme une chose qui était à elle, qu'elle me recevoit en propriété, qu'elle s'emparoit de moi.

Le mot d'amour n'a pas même été prononcé entre nous. Mais il m'est impossible de prendre la forte persuasion d'avoir été passionnement aimé d'elle.

Elle ne me pria plus de rien, elle ne fit plus que me commander.

Elle m'ordonna de lire et je lus. Je lisais mal, elle me reprit deux ou trois fois, enfin elle m'imposa silence. Je fus touché, je la suppliai de me permettre de continuer, elle le permit, je continuai, je n'ai jamais si bien lu de ma vie.

Une fois, hélas! une seule fois en ma vie, ma bouche rencontra la sienne. O souvenir! le perdrai-je dans le tombeau?

Hommes sensuels, vantez tant qu'il vous plaira vos plaisirs grossiers; je vous défie à tous tant que vous êtes d'avoir jamais rien goûté de semblable aux délices dont mon coeur fut inondé durant six mois.

Elle avait de la modestie et de la pudeur, elle aimait la vertu: l'honnêteté lui était plus chère que la vie, et je ne saurais dire combien tout ce qu'elle faisait, m'en paraissait plus touchant.

Tous ces passages, séparés par des intervalles, sont couchés sur deux petites feuilles. On reconnaît aussitôt que ROUSSEAU parle ici de mademoiselle LAMBERCIER et de l'année 1724. Mais la différence entre le texte de ce manuscrit et celui de l'édition imprimée est considérable. L'esquisse primitive est beaucoup plus riche et plus intéressante. L'auteur en a conservé quelques couleurs dans le tableau de la journée qu'il passa, six ans plus tard, avec les dames GALLEY et DE GRAFFENRIED. Il a transformé aussi le passage: »Hommes sensuels — durant six mois«. Il dit dans les *Confessions:* »O mes lecteurs! Ne vous y trompez pas. J'ai peut-être eu plus de plaisir dans mes amours en finissant par cette main baisée, que vous n'en aurez jamais dans les vôtres en commencant tout au moins par là.« Nous n'expliquerons pas pourquoi ROUSSEAU a fait ces transpositions et ces changements. Il nous suffira d'en donner un autre exemple. En racontant la scène qui amena, en 1724, son retour de Bossey à Genève, ROUSSEAU dit: »*Ce premier sentiment de la violence et de l'injustice* est resté si profondement gravé dans mon coeur etc.« Mais dans *l'Emile* il fait naître ce sentiment et cette réflexion quatre ans plus tard, lorsqu'il fut maltraité à Turin dans l'hospice des catéchumènes. »Que ceux, lisons-nous dans *l'Emile* l. IV, qui savent combien *la première épreuve de la violence et de l'injustice* irrite un jeune coeur sans expérience, se figurent l'état du sien.«

3) Que n'a-t-il vécu quatre ans de plus pour voir le nom de son fils voler dans l'Europe. Helas! il en serait mort de joye! Heureux de ne pas voir encore combien ces courts momens de gloire couteraient cher un jour à ce fils infortuné.«

Quelle peinture animée du caractère d'un père orgueilleux! Elle se ne trouve pas dans les éditions des *Confessions*. Pour savoir la place où l'auteur se proposait d'intercaler ces paroles, il faut se rappeler combien il aimait les contrastes. Après avoir raconté par exemple son échec comme musicien, à Lausanne, il fait allusion au triomphe que, 22 ans plus tard, son *Devin de village* lui vaudra à la cour de Versailles. Il me semble donc que le passage sur sa gloire littéraire était destiné à suivre immédiament la description du déboire que ROUSSEAU causa à son père comme apprenti; et, chose remarquable, il a terminé, encore en Suisse, sa rédaction des *Confessions* jusqu'au commencement de cette description.

Arrivé en Angleterre, en janvier 1766, ROUSSEAU se fixa, vers la fin de mars, à Wootton dans la maison de M. DAVENPORT. DAVID HUME apprit par ce dernier, que, dès le premier jour, l'auteur des *Confessions* y fut très-occupé à écrire; et, ayant entendu souvent, de la bouche de ROUSSEAU même, qu'il composait les mémoires de sa vie, HUME ne douta pas qu'il ne terminât alors cet ouvrage. (87) En effet, le 25. mai 1766, l'auteur mande ce qui suit à Madame DE VERDELIN: »Il y a longtemps que je médite d'écrire mes confessions; je vais tâcher de les rédiger dans cette retraite, s'il me reste assez de temps pour cela.« (88) Nous connaissons déjà la note au crayon »Repris à Wootton«, qu'il a inscrite en marge de la page 44 de son manuscrit; ROUSSEAU a continué ce travail jusqu'à la fin du narré de son séjour à Lausanne en 1730. Ce manuscrit se

(87) *Exposé succinct de la contestation qui s'est élevée entre M. Hume et M. Rousseau avec les pièces justificatives*, traduit de l'anglais par Suard avec une préface du traducteur. Londres 1766. — à la fin.

(88) Voyez *l'Artiste*, année 1840.

termine à la page 182 au milieu d'une phrase. En voici les dernières lignes: »Je ne saurois dire combien de tems je restai à Lausanne. Je n'apportai pas de cette ville des souvenirs bien rappellans. Je sais seulement que« . . . .

Il arriva des circonstances qui le contraignirent à rejeter cette rédaction de ses *Confessions* de même qu'au commencement de 1765 il avait supprimé l'ébauche de *Mon Portrait.*

SECONDE RÉDACTION DÉFINITIVE DE LA PREMIÈRE PARTIE DES CONFESSIONS

A peine ROUSSEAU était-il arrivé à Wootton, le 22 mars 1766, que s'empara de son âme une sombre défiance, ainsi que cela avait eu lieu, en 1761, à Montmorency. Dès le 31 mars il prenait les plus grandes précautions à l'égard de ses lettres. (89) C'est la conduite de DAVID HUME qui avait excité ces terribles soupçons. Dès ce moment l'amitié entre ces deux hommes célèbres fut impossible. Le philosophe écossais s'efforça longtemps d'écarter une rupture, mais ayant reçu la longue lettre de ROUSSEAU en date du 10 juillet 1766, (90) il en fut profondément blessé; il poussa alors la chose aux dernières violences et causa un scandale qui remplit sinon toute l'Europe, du moins toute la France.

ROUSSEAU s'est-il douté de l'effet de ses procédés en écrivant cette lettre du 10 juillet et en l'envoyant, avec le billet suivant, à un de ses amis, pour la faire tenir à DAVID HUME?

A Wootton, le 12 juillet 1766.

Permettez qu'en vous suppliant de vouloir bien faire rendre l'incluse à son adresse, je goûte encore une fois en ma vie le plaisir de vous assurer, Monsieur, que le souvenir de vos bontés ne sortira jamais de mon coeur.

J. J. ROUSSEAU. (91)

L'auteur des *Confessions* à dû horriblement souffrir des conséquences de cette démarche, et jamais les malheurs de sa vie n'ont exercé sur son esprit et son tempérament d'influence plus funeste. Car voyant tout-à-coup partout des ennemis s'élever contre lui et déchaîner leur haine et leur rage, il tomba dans la manie de se croire persécuté, dans l'idée fixe d'un complot

(89) Rousseau à M. Davenport, Woolton le 31 mars 1766. Manuscr. de Neuchâtel. — Voyez dans la Corresp. imprimée les lettres à M. Du Peyrou, du 29 mars 1766 et à M. d'Ivernois du 31 mars 1766. *Oeuvres compl.* XI. p. 319 etc. et p. 323 etc.

(90) *Oeuvres compl. Corresp.* Rousseau à Hume XI. 353—369.

(91) Manuscr. de Neuchâtel (brouillon). La lettre était adressée à M. Davenport. On en trouvera la preuve dans la Corresp. imprimée, *Oeuvres* XI. p. 353. Rousseau à M. Davenport. Wootton, le 2 juillet 1766.

contre sa personne. Ses ennemis n'ont point commis, il est vrai, l'une et l'autre des méchancetés qu'il leur imputa, mais ils en ont fait un grand nombre que l'Europe ignora et que quelquefois ROUSSEAU ne devina pas lui-même. Jamais, il est vrai, ces ennemis n'ont agi à l'égard de ROUSSEAU avec le raffinement et la préméditation que leur attribue l'esprit troublé de l'auteur des *Confessions*, mais, tous étant dominés par le désir ardent de le perdre moralement, leurs écrits et leurs actes dénotent une conformité qui ne ressemble que trop à une conspiration. Dans des papiers publics ou privés, les HUME, les VOLTAIRE, les BORDE, les WALPOLE, les D'ALEMBERT, les GRIMM et tant d'autres ont peint des plus noires couleurs la vie et les moeurs de ROUSSEAU.

L'infortuné JEAN-JACQUES, feuilletant son manuscrit des *Confessions*, le coeur saignant et ses yeux étant venus à tomber sur sur ces paroles de l'Introduction: »Ce n'est pas qu'à tout prendre j'aie à me plaindre des discours sur mon compte« ajouta alors sur le champ la note suivante: »J'ecrivis ceci en 1764, âgé déjà de cinquante-deux ans, et bien éloigné de prévoir le sort qui m'attendait à cet âge. *J'aurois maintenant trop à changer à cet article; je n'y changerai rien du tout.*« (92)

ROUSSEAU rédigea cette note en automne 1766. Peu après il prit un autre parti. Abandonnant, ainsi que nous venons de le voir, la rédaction des *Confessions* continuée jusqu'en 1730, il se mit à en composer une nouvelle, où il rejette la grande introduction, sauf quelques phrases, et fait, dans le récit même, des suppressions et des changements essentiels. Jusqu'ici les *Confessions* devaient être l'expiation de la vie de ROUSSEAU; maintenant elles se transforment en plaidoyer contre »l'injustice et le mensonge de ses ennemis.« En se montrant *intus et in cute*, il avait eu longtemps pour but unique de »servir aux hommes«, de leur apprendre »à se connaître«; mais enfin il dut penser à lui-même, prendre soin de sa réputation et de »l'honneur de sa mémoire«. (93) En effet, quelque peu ressemblant que fût le portrait que le public se faisait de ROUSSEAU, les beautés et les traits flatteurs n'y faisaient pas absolument défaut; ses ennemis même n'avaient point osé le charger de vices sans y mêler des vertus. La rupture de ROUSSEAU avec DAVID HUME était venue changer tout cela. Jusqu'aux sentiments favorables de ses meilleurs amis étaient profondément ébranlés.

ROUSSEAU pouvait dire encore dans l'Introduction de 1765: »Puisque mon nom doit durer parmi les hommes je ne veux point qu'il y porte une réputation mensongère; je ne veux point qu'on me donne des vertus ou des vices que je n'avais pas, ni

92) Félix Bovet, *Fragm. inéd.* p. 10 note. — Ce n'était pas en 1764, mais en 1765, ainsi que nous l'avons prouvé.

(93) Ib. p. 4.

qu'on me peigne sous des traits qui ne furent pas les miens .... j'aime mieux qu'on me connaisse avec tous mes défauts et que ce soit moi-même, qu'avec des qualités controuvées, sous un personnage qui m'est étranger.« (94) Aujourd'hui nous lisons dans les *Confessions*: »Puisque enfin mon nom doit vivre, je dois tâcher de transmettre avec lui le souvenir de l'homme infortuné qui le porta, qu'il fut réellement et non tel que d'injustes ennemis travaillent sans relâche à le peindre.« (95) L'auteur qualifia enfin ses *Confessions* de »seul monument sûr de son caractère qui n'ait pas été défiguré par ses ennemis«. (96) S'il était autrefois trop sûr d'avoir moins à gagner qu'à perdre à se montrer tel qu'il était«, (97) dans la rédaction définitive de son ouvrage il dit au contraire:

»Je savais . . . que malgré le mal dont je ne voulais rien taire je ne pouvais que gagner encore à me montrer tel que j'étais.« Immédiament avant ce passage il déclare lui-même: «Je sentais; moi qui me suis cru toujours, et qui me crois encore, à tout prendre, le meilleur des hommes.« (98)

Les *Confessions* imprimées renferment beaucoup de choses odieuses; mais, dans la première rédaction de l'histoire de la jeunesse de l'auteur, on trouvait jusqu'à des passages qui ne ressemblaient que trop à un aveu formel des crimes dont ses ennemis l'accusaient et dont, en 1766, ils faillirent réussir à persuader le public. Vis-à-vis des ennemis qui le diffamaient comme un scélerat, un monstre du genre humain, ROUSSEAU devait supprimer des passages tels que les suivants: »Cent fois j'ai cru l'entendre (la pauvre Marion de Turin) me dire au fond de mon coeur: Tu fais l'honnête homme, et tu n'est qu'un scélérat.....« »Si je connaissais quelqu'un qui en eût fait une pareille (action atroce dont ROUSSEAU s'accuse contre Marion) dans toutes ses circonstances, je sens qu'il me serait impossible de ne pas le prendre en horreur.« . . . . »Le temps efface tous les autres sentimens, mais il aigrit le remords et le rends plus insupportable, surtout quand on est malheureux, qu'on se dit qu'on mérite de l'être et qu'au lieu de trouver en soi la consolation qu'on y cherche on n'y trouve qu'un nouveau tourment.« (99)

On comprendra maintenant pourquoi l'auteur a omis ces articles dans les *Confessions*, et pourquoi, à mesure qu'il enlevait les ombres de son propre portrait, il les transportait sur celui de ses ennemis. On ne saurait nier qu'ainsi le véritable caractère d'une confession n'ait été altéré dans les *Confessions*. A-t-on le devoir

(94) Ib. p. 11.
(95) *Oeuvres compl.* Conf. VIII. 285.
(96) Félix Bovet, *Fragm.* p. 4.
(97) Streckeisen-Moultou. *Oeuvres et corr. inéd.* p. 289. — Voyez encore Félix Bovet, *Fragm.* p. 11.
(98) *Oeuvres compl.* Conf. VIII. 371.
(99) Félix Bovet, *Fragm. inéd.* p. 5. 6.

de se confesser pour les autres? »C'est, répond l'auteur de la *Nouvelle Héloïse*, quand le danger d'une rechute oblige . . . à prendre des mesures pour s'en garantir.« (100) L'auteur de *Mon Portrait* pense tout autrement: »Je ne prétends pas faire« dit-il, »plus de grâce aux autres qu'à moi . . . ne pouvant me peindre au naturel sans les peindre eux-mêmes.« (101) »Je ne puis me bien faire connaître, répète-t-il dans l'Introduction de 1765, que je ne les fasse connaître aussi, et l'on ne doit pas s'attendre que . . . . . j'aurai pour d'autres des ménagements que je n'ai pas pour moi-même.« (102) Les tristes expériences de 1766 ne pouvaient qu'affermir ROUSSEAU dans cette résolution. Il déclara alors: »Je ne crois devoir à personne plus de ménagements qu'à moi-même« (103) et s'exprima enfin sur cette question, dans les *Confessions*, de la manière suivante: »Dans l'étrange, dans l'unique situation où je me trouve, je me dois trop à la vérité pour devoir rien de plus à autrui. Pour me bien connaître, il faut me connaître dans tous mes rapports, bons et mauvais. Mes Confessions sont nécessairement liées avec celles de beaucoup de gens: je fais les unes et les autres avec la même franchise, en tout ce qui se rapporte à moi, ne croyant devoir à qui que ce soit plus de ménagements que je n'en ai pour moi-même, et voulant toutefois en avoir beaucoup plus. Je veux être toujours juste et vrai, dire d'autrui le bien tant qu'il me sera possible, ne dire jamais que le mal qui me regarde, et qu'autant que j'y suis forcé. Qui est-ce qui, dans l'état où l'on m'a mis, a droit d'exiger de moi davantage.« (*)

Pour ce qui est des relations fatales, que ROUSSEAU eut avec d'autres personnes, sauf celles avec M. DE BORDE de Lyon, elles ne datent que de son arrivée à Paris en 1742. Si donc la première partie des *Confessions* devait contenir l'histoire de sa vie jusqu'à cette époque, il n'y aurait point à en parler. Les indiscretions qui s'y rencontrent, ne regardent pas les ennemis de l'auteur, et en y dévoilant la vie la plus secrète de Mme DE WARENS, il est non point son accusateur, mais son avocat; car malgré tout ce qu'en dit ROUSSEAU, il en fait un type si idéal et si parfait que seuls le génie et le cœur pouvaient le concevoir. Chaque mot qu'il se voyait contraint de prononcer contre sa bienfaitrice, était pour lui-même, on le sent encore, un coup de poignard. C'est en effet de lui seul que, dans la première partie des *Confessions*, il a voulu dire »des choses très-odieuses.« Même la période postérieure de sa vie ne fut pas exempte de graves égarements.

(100) *Oeuvres compl. La Nouvelle Heloïse* IV. 254.
(101) Streckeisen-Moultou, *Oeuvr. et corr. in.* p. 285.
(102) Félix Bovet, *Frag.* p. 13.
(103) Un brouillon de ce temps imprimé dans les *Pensées d'un esprit droit et sentiments d'un coeur vertueux etc. etc.*, ouvrage, dont nous aurons à parler plus tard.
(*) *Oeuvres compl. Confessions* VIII. 285.

Cependant, à proprement parler, il n'avait plus rien à confesser, depuis qu'il s'était persuadé avoir expié l'exposition de ses enfants. C'est surtout à cette période de sa vie qu'appartient l'histoire de sa glorieuse carrière d'auteur et celle de sa réforme morale. Sa biographie pourrait se transformer ici en son éloge et en son apologie. En revanche il avait beaucoup de mal à dire d'autres personnes.

On ne l'ignorait point et c'est pourquoi on craignait les *Confessions*. DAVID HUME fut le premier qui manifesta sa rage contre cette oeuvre. Il résolut d'en prévenir les effets. »Le silence (de ma part), écrivit-il à Mme DE BOUFFLERS, le 15 juillet 1766, le silence a ses dangers; il (ROUSSEAU) compose maintenant un livre dans lequel il me déshonorera par des mensonges atroces. Il écrit ses mémoires; supposez qu'ils soient publiés après sa mort, ma justification perdra beaucoup de son authenticité, on me dira qu'il est aisé d'inculper un mort. J'ai donc l'intention d'écrire cette [notre] querelle en y joignant les pièces originales« etc. (104 a) Et le 12 août 1766, HUME mande encore à Mme DE BOUFFLERS: »Ce qui m'a déterminé à ne garder aucune mesure avec cet homme (ROUSSEAU) c'est la certitude qu'il écrivait ses mémoires et qu'il m'y faisait faire une belle figure.« (104 b) Ce fut alors que le philosophe écossais faisait publier le libelle intitulé: *Exposé succinct de la contestation qui s'est élevée entre M. Hume et M. Rousseau, avec les pièces justificatives.* A Londres 1766. Il y dénonça à l'Europe le projet de ROUSSEAU de rendre justice, dans ses Mémoires, à lui-même, à ses amis et à ses ennemis; »il est, s'y écria HUME, sur le point de terminer cet ouvrage terrible« et il y justifia tout-à-fait comme dans les lettres à Mme BOUFFLERS la publication de son libelle contre ROUSSEAU. »M. HUME, écrivait Grimm dans sa *Correspondance*, s'est enfin enrôlé dans la confrérie des ferrailleurs, de peur d'attraper un legs dans le testament de mort de JEAN-JACQUES.« Mais en dépit de ces plaisanteries, la conscience de GRIMM était fort tourmentée. Il fallait craindre lui-même de trouver son propre portrait dans les mémoires de JEAN-JACQUES et il a trahi ses angoisses non seulement par ces paroles: »Il y a apparence que tant d'honnêtes gens seront calomniés,« mais plus évidemment encore par le fait qu'il se hâta de dire tout le mal possible de son ancien ami et tout le bien imaginable de lui-même. (104 c) VOLTAIRE enfin; écrivant, le 24. octobre 1766, à HUME, et fidèle à son caractère, distilla son venin sur l'ouvrage de ROUSSEAU, qui n'existait pas encore. (105)

(104 a) Morin, *Essai sur la vie etc. de J.-J. Rousseau.* p. 189.
(104 b) Ibid. p. 192.
(104 c) *Correspondance etc.* par Grimm etc. (Octobre 1766.) VII. 141.
(105) Oeuvres compl. de Voltaire. *Corresp. Lettre à M. David Hume*, du 29 oct. 1766.

Dès ce moment l'auteur des *Confessions* eut des motifs sérieux pour mettre à l'abri de ses ennemis ses manuscrits et ses documents. On redoutait non seulement »l'homme le plus éloquent et la plume la plus séduisante du siècle,« mais surtout la vérité et la justice. C'est pourquoi les VOLTAIRE et les GRIMM osèrent taxer ROUSSEAU de menteur et de calomniateur. C'est pourquoi aussi DAVID HUME, s'associant à WALPOLE et à D'ALEMBERT, flétrit son caractère dans *l'Exposé succinct.* Heureusement ces accusations furent le meilleur plaidoyer en sa faveur et sa justification la plus complète. ROUSSEAU n'avait jamais craint de voir divulguer ses démêlés avec DAVID HUME. »Plus je pense à la publication promise par M. HUME, écrit-il le 2 août 1766 à GUY, moins je puis concevoir qu'il l'exécute. S'il l'ose faire, à moins d'énormes falsifications, je prédis hardiment que malgré son extrême adresse et celle de ses amis, sans même que je m'en mêle, M. HUME est un homme démasqué.« (*) La publication du philosophe écossais sous le titre d'*Exposé succinct* dégoûta jusqu'aux GRIMM et consorts; et quant au public, après avoir décrié d'abord l'auteur d'*Emile*, il finit par lui compatir et par s'indigner contre ses persécuteurs.

ROUSSEAU le sentit bien, et bientôt parurent en son honneur de nombreuses brochures. Malheureusement, durant les premiers mois de 1767, il retomba dans la maladie dont son esprit avait tant souffert un an auparavant. Il se figurait être captif des Anglais et cerné par des ennemis, qui voulaient s'emparer de ses Mémoires et de ses pièces justificatives. »Le désir de s'emparer de ce dépôt à ma mort, écrivit-il le 4 avril 1767, à son ami DU PEYROU, et peut-être même de mon vivant, est une des

(*) *Oeuvres compl. Corresp.* XI. 373 etc. — L'original de cette lettre est à Berlin et c'est grâce à M. le Conseiller intime Kunstmann, qui a bien voulu nous les procurer, que nous sommes en mesure de le comparer avec la lettre imprimée. L'original écrit qui remplit deux pages et demi in-folio, porte l'adresse suivante: »A Monsieur Guy chez Madame la veuve Duchesne libraire, rue St. Jacques à Paris«; il commence par ces mots A Wootton le 2 août 1766. Je me serois bien passé, Monsieur, d'apprendre etc.« L'orthographie et la ponctuation diffèrent de l'original, et après les paroles: »Je ne connois d'autre voye assurée que celle-là . . .« (édit. de 1872 p. 375) il manque le passage suivant:

»Je vous ai toujours renvoyé très exactement et très promptement toutes les épreuves [du *Dictionnaire de Musique*] que j'ai reçues ou leurs corrections. Si vous ne les avez pas reçues ce n'est pas ma faute. Au reste vous aurez bien fait de prendre le parti de faire corriger sur le mieux un seul correcteur attentif et sûr. Prenez garde aux gens que vous employez. Vous êtes averti; c'est votre affaire.«

Dans la lettre (édition de 1872 p. 375) Rousseau parle des commissions d'un certain Prault. A la 4me page de l'original on lit la note suivante probablement de la main de Guy. »L'ouvrage aporte (sic!) d'angleterre par M. Prault est intitulé *Recueil de Lettres de M. J.-J. Rousseau et autres pièces relatives à la persécution, et à sa defense.* Le tout est transcrit sur les originaux à Londres chez Beguet et Dehonte, et a paru en juillet 1766.«

principales raisons pourquoi je suis si soigneusement surveillé.« (106) Dans ses angoisses il ne cherchait qu'à sauver ses manuscrits et ses documents. Dès le mois de mars M. DU PEYROU avait chargé M. DE CERJAT, qui habitait Londres, de les envoyer chercher à Wootton par un exprès et de les lui transmettre. Mais ROUSSEAU ne cessa point de craindre pour la conservation de ses papiers. »On les guette . . ., écrivait-il à M. DU PEYROU, le 2 avril 1767, on les guette . . . . au passage, et l'on espère bien qu'ils n'échapperont pas.« (107) Cependant le précieux dépôt parvint sûrement entre les mains de M. DU PEYROU à Neuchâtel. ROUSSEAU ne gardant lui-même que les papiers relatifs à son séjour en Angleterre, prit la fuite de Wootton, le 30 avril 1767; puis, après avoir séjourné quelque temps à Spalding, il s'arrêta à Douvres, tourmenté de l'idée fixe d'être prisonnier d'État entre les mains du général CONWAY. Pour obtenir l'autorisation de quitter l'Angleterre, il écrivit à ce dernier, probablement le 20 mai 1767, une longue lettre navrante où il se déclarait prêt à tous les sacrifices; il lui proposa en guise de rançon d'accepter enfin la pension que le roi d'Angleterre lui avait destinée et qu'il avait toujours refusée en déclarant qu'il donnerait par cela la meilleure garantie qu'il ne médirait jamais du gouvernement et du peuple anglais; il se tairait au sujet de M. HUME ou n'en parlerait qu'avec respect; il modifierait même à son-égard ses jugemements antérieurs; il abandonnerait enfin pour toujours le projet d'écrire sa vie, et remettrait entre les mains du général tous ses papiers relatifs à l'Angleterre qui se trouvaient encore dans ce pays déposés chez des tiers, et auxquels il voulait encore en ajouter quelques autres d'importants, qu'il avait conservés lui-même. (108 a)

Naturellement l'infortuné ROUSSEAU n'eut point à exécuter ces propositions, que lui avait suggérées son esprit malade; il put rentrer en France sans obstacle et s'y réfugier, dans la seconde moitié de juin 1767, au Château de Trye, que la bienveillance du prince de CONTI avait mis à sa disposition.

Ce fut là que, recouvrant du moins pour quelque temps la tranquillité de son âme, il reprit le travail de ses *Confessions*. Dans l'automne de 1767, son ami DU PEYROU étant allé le voir à Trye, lui reporta le volume (manuscrit), relié en veau fauve, qui contenait la seconde rédaction de la première partie des *Confessions* et qui lui avait été envoyé d'Angleterre sous enveloppe et cacheté. (108b)

»J'écrivais«, dit ROUSSEAU, »la première (partie) avec plaisir, avec complaisance, à mon aise, à Wootton ou dans le Château

(106) *Oeuvres compl. Correspondance* XII. p. 11.
(107) Ib. XII. p. 9.
(108a) *Oeuvres compl. Corresp.* Rousseau à M. le général Conway, Douvres... 1767. XII. 14 etc.
(108b) Musset-Pathay, *Histoire de la vie de J.-J. Rousseau* II. p. 464.

de Trye.« (109) Mais nous ne saurions dire jusqu'à quel passage il a continué cette seconde rédaction définitive, qu'il avait commencée à Wootton après avoir rejeté la première. »J'ai travaillé un peu à ma besogne, écrivait-il de cette retraite le 4 avril 1767 à son ami DU PEYROU, au milieu du tumulte et des orages, dont j'étais entouré.« (110) En tout cas il a terminé en Angleterre les quatre premiers livres et une partie du cinquième. Car le passage suivant qui est emprunté au livre cinquième ne peut avoir été écrit qu'en Angleterre et vers la fin du séjour de l'auteur dans ce pays: »Je les (les Francais) aime en dépit de moi, quoiqu'ils me maltraitent. En voyant déjà commencer la décadence de l'Angleterre, que j'ai prédite au milieu de ses triomphes, je me laisse bercer au fol espoir que la nation française, à son tour victorieuse, viendra peut-être un jour me tirer de la triste captivité où je vis.« (111) Ainsi l'auteur n'eut à rédiger au Château de Trye, que le reste du 5me livre et le 6me livre en entier. Dès lors la rédaction définitive de la première partie des *Confessions* était terminée et il est probable que ROUSSEAU en fit, très-peu de temps après, une copie modifiant par-ci par-là quelques passages. Il conserva lui-même l'un des deux exemplaires et destina l'autre à son dépôt chez DU PEYROU. (112)

Mais avant de quitter le Château de Trye en juin 1768 pour se rendre dans le midi de la France, il choisit un dépositaire provisoire. Madame DE NADAILLAC qui eut cet honneur, était abbesse de Gomer-Fontaine près Chaumont en Vexin, dans le voisinage du Château de Trye, et elle avait acquis la confiance de l'auteur des *Confessions* principalement durant les derniers mois de 1767, lorsque son ami DU PEYROU, séjournant chez lui, tomba malade et lui inspira les plus vives inquiétudes par les paroles qu'il prononçait dans le délire de la fièvre. L'abbesse s'intéressa de tout son cœur à ses voisins, et ROUSSEAU composa pour elle un morceau de musique sacrée, dont le manuscrit fut déposé plus tard à la Bibliothèque royale de Paris. Pour avoir envoyé à DU PEYROU de la marmelade de fleur d'orange, l'abbesse reçut dans la correspondance de ROUSSEAU le nom de »la dame à la marmelade de fleur d'orange.« C'est à cette dame qu'au printemps de 1768 THÉRÈSE LEVASSEUR, qui s'appelait alors RENOU comme ROUSSEAU, et passait pour sa soeur, porta elle-même le dépôt à l'abbaye de Gomer-Fontaine. Ce dépôt se composait des pièces suivantes: »un cahier de Confessions«, un carton portant l'étiquette »affaires de Corse«, des »liasses de papiers« et »des liasses de lettres adressées à

(109) *Oeuvres compl. Conf.* VIII. 196.
(110) Ib. *Corresp.* XII. 11.
(111) *Oeuvres compl.* de J.-J. Rousseau; nouvelle édition etc. à Bruxelles, chez Th. Lejeune etc. 1828, tome XXIX. p. 82, note a) *Variante.*
(112) Voyez *Oeuvres compl.* éd. de 1872. Conf. IX. 69 et Corresp. de Rousseau avec M. Du Peyrou du 12 janvier 1769. XII 133.

ROUSSEAU.« Parmi ces dernières se trouvait une liasse renfermant la plupart des lettres adressées à l'auteur à propos de la *Nouvelle Héloïse*; quant au »cahier de Confessions« c'était l'un des deux exemplaires de la première partie. (113)

ROUSSEAU en avait aussi conservé la première rédaction qui n'allait que jusqu'en 1730, et qu'il avait laissée dès le mois d'avril 1767 entre les mains de DU PEYROU. »Vous avez, lui écrivait-il du Château de Trye, le 10 juin 1768, le dépôt de mes écrits, tant imprimés que manuscrits, de toutes mes lettres et papiers, tous les matériaux nécessaires pour ma triste vie, *dont le commencement vous est aussi parvenu.*« (114) »Quant à ce qui est entre vos mains«, lui déclarait-il dès Bourgoin, le 12 janvier 1769, et qui peut être complété par ce qui est dans celles de la dame à la marmelade de fleur d'orange, je vous laisse absolument le maître d'en disposer après moi de la manière qui vous paraîtra la plus favorable aux intérêts de ma veuve, à ceux de ma filleule [fille du libraire Rey] et à l'honneur de ma mémoire.« (115a)

LA DEUXIÈME PARTIE DES CONFESSIONS. ÉTRANGE PROJET DE L'AUTEUR.

»Telles ont été« — conclut en 1767 l'auteur la première partie des *Confessions* — »les erreurs et les fautes de ma jeunesse. J'en ai narré l'histoire avec une fidélité dont mon cœur est content. Si dans la suite j'honorai mon âge mûr de quelques vertus, je les aurais dites avec la même franchise, et c'était mon dessein. Mais il faut m'arrêter ici. Le temps peut lever bien des voiles. Si ma mémoire parvient à la postérité, peut-être un jour elle apprendra ce que j'avais à dire. Alors on saura pourquoi je je me tais.«

En vérité, les ennemis de ROUSSEAU tenaient toujours les yeux fixés sur ses *Confessions.* VOLTAIRE par exemple écrivit à M. D'ALEMBERT, le 18 janvier 1768: »Le bon M. HUME me mande que le pauvre fou travaille actuellement à ses *mémoires* dont le premier volume a été fait en Angleterre.« Et Mme DE VERDELIN dit à ROUSSEAU dans une lettre du 13 mars 1768: »Il me semble qu'on vous reproche fort le *Contrat social* et qu'on craint vos *Mémoires.*« (115b)

(113) Toutes les particularités sur le dépôt chez mad. de Nadaillac sont tirées des livres et manuscrits suivants: *Oeuvres compl. Conf.* IX. 2. — Lettre de mad. Sequier à M. Rousseau du 31 décembre 1767. Manuscr. de Neuchâtel. — *Oeuvres compl.* Corresp. XII. 133. — Deux lettres de Rousseau à mad. de Nadaillac des 20 et 25 sept. 1770, copiées d'après les originaux par mad. de Nadaillac. — Lettre de mad. de Nadaillac à Mr. Du Peyrou du 5 septembre 1778. Manuscr. de Neuchâtel.

(114) *Oeuvres compl.* Corresp. XII. 84.

(115a) Ibid. XII. 136.

(115b) Streckeisen-Moultou, *J.-J. Rousseau, ses amis* etc. II. 582.

»J'attends sans alarme«, déclara ROUSSEAU le 4 février 1769 à LALIAUD, l'explosion qu'ils [mes ennemis] comptent faire après ma mort sur ma mémoire, semblables aux vils corbeaux qui s'acharnent sur les cadavres. C'est alors qu'ils croiront n'avoir plus à craindre le trait de lumière qui, de mon vivant, ne cesse de les faire trembler, et c'est alors que l'on connaîtra peut-être le prix de ma patience et de mon silence. . . . . . Je ne veux plus m'occuper de rien qui me rappelle hors de moi, de rien qui puisse ôter à mon esprit la même tranquillité dont jouit ma conscience.« (115c)

Auprès de Rey aussi ROUSSEAU a épanché son cœur à l'égard des *Confessions* dans une lettre du 27 avril 1769: »Quand vous me suggérâtes le projet d'écrire les mémoires de ma vie, je ne m'imaginais guère que ce projet, adopté trop légèrement, m'attirerait les calamités qui en ont été l'effet. Ne me reparlez jamais de cette entreprise; si vous m'aimez, ayez regret de me l'avoir suggérée, et si vous m'en reparlez, attendez-vous à n'avoir aucune réponse sur ce point.« (116)

Néanmoins, la même année 1769, ROUSSEAU commençait à Monquin la suite de l'histoire de sa vie. »Après deux ans de silence et de patience, déclare-t-il, malgré mes résolutions, je reprends la plume. Lecteur, suspendez votre jugement sur les raisons qui m'y forcent: vous n'en pouvez juger qu'après m'avoir lu.« (117)

L'auteur des *Confessions* envisageait tous les événements, même les plus indifférents, des dernières années, sous la néfaste influence de sa manie de persécution, de sorte qu'en effet ces événements ne pouvaient que la fortifier. Il se développa chez lui au degré le plus effrayant cette espèce de sagacité logique qui en apparence penètre les hommes et les choses, mais qui, en réalité, fermant le monde extérieur à l'esprit, le force à s'abuser et à s'absorber dans ses propres fantômes. C'est dans cette disposition funeste que ROUSSEAU se persuada que ses ennemis mettaient tout en œuvre pour l'empêcher d'écrire ses mémoires. Il se figure que

(115c) *Oeuvres compl. Corresp.* XII. 136.

(116) Boscha p. 287.

(117) *Oeuvres compl.* VIII. p. 195. Exorde du livre VIIme. Quoique nous ayons déclaré à différentes reprises ne pas vouloir relever les contradictions de l'auteur des *Confessions* à l'égard de sa chronologie, il faut faire ici une exception. Parlant de sa lettre à Voltaire, du 17 juin 1760 (V. p. I. l. X. *Oeuvres compl.* VIII. p. 389), Rousseau fait observer ce qui suit: »On remarquera que depuis *près de sept ans,* que cette lettre est écrite, je n'en ai parlé ni ne l'ai montrée à âme vivante. Il en a été de même des deux lettres que M. Hume me forca *l'été dernier* de lui écrire . . .« Le lecteur verra sur le champ que l'auteur a en vue l'été de 1766 et qu'en conséquence le livre dixième des *Confessions* aurait été écrit en 1767, mais cela est impossible. — Autre observation: Rousseau déclare ne pas avoir montré la lettre qu'il écrivit à Voltaire en 1760. Cependant on lit, dans sa lettre à M. de Chauvel, Wootton le 5 janvier 1767, ce passage: »Ayant retrouvé par hasard le brouillon de cette lettre, je la transcris ici, permettant à M. de Chauvel d'en faire l'usage qu'il lui plaira.«

chacun concourt, avec la plus vive émulation, à le circonvenir, à l'environner de trahisons et de pièges . . . Il est sûr, que l'on tremble qu'il n'écrive pour sa défense, que l'on s'inquiète de tout ce qu'il fait, de tout ce qu'il peut faire; que chacun, paraît agité de l'effroi de voir paraître de lui quelque apologie. (118) Son génie égaré fait tout-à-coup la découverte que cet effroi a saisi ses ennemis dès le moment où il a commencé la composition de ses mémoires, et qu'ainsi ses mémoires ont causé tous ses malheurs depuis l'année 1765.

»Cette entreprise connue, prétend ROUSSEAU dans les *Confessions*, fut, autant que j'en puis juger, la véritable cause de l'orage qu'on excita pour m'expulser de la Suisse, et me livrer entre des mains qui m'empêchassent de l'exécuter.« (119) L'auteur ne doutait point que ce ne fussent ses ennemis qui l'attirèrent en Dauphiné après lui avoir rendu impossible la vie au Château de Trye; et dans cette retraite, dit-il, »on était parvenu . . . . à écarter de l'auteur des *Confessions* toute encre lisible.« . . . »Malgré toutes ces précautions« s'écrie ROUSSEAU triomphant, »le drôle est encore parvenu à écrire ses mémoires . . . avec de l'encre de Chine, à laquelle on n'avait pas songé.« (120)

La découverte qu'il s'imagina avoir faite du complot de ses ennemis contre ses *Confessions*, décida ROUSSEAU à »reprendre la plume.« La conviction même que les cruels auteurs de la conspiration contre lui n'attendaient que sa mort pour détruire l'honneur de sa mémoire par des publications mensongères, n'avaient pu d'abord l'arracher à sa patience et à son silence.« (121) Mais après cette découverte, qui lui paraissait aussi certaine que terrible, ce fut le cas ou jamais de prouver au monde son courage héroïque contre les ennemis les plus puissants et les plus rusés. ROUSSEAU se mit donc, à Mouquin en 1769, à continuer ses mémoires, et, dès les premières pages, il exposa les circonstances et les dangers où il croyait se trouver. »Les planchers, dit-il, »sous lesquels je suis ont des yeux; les murs qui m'entourent ont des oreilles: environné d'espions et de surveillants malveillants et vigilants, inquiet et distrait, je jette à la hâte sur le papier quelques mots interrompus qu'à peine j'ai le temps de relire, encore moins de corriger. Je sais que, malgré les barrières immenses qu'on entasse sans cesse autour de moi, l'on craint toujours que la vérité ne s'échappe par quelque fissure. Comment m'y prendre pour la faire percer? Je le tente avec peu d'espoir de succès.« (122) Cependant ROUSSEAU regardait comme son devoir le plus sacré de soutenir la lutte contre ses ennemis, de révéler leurs complots mystérieux et de

(118) *Oeuvres compl. Rousseau juge de Jean-Jacques.* IX. 253.
(119) Ibid. *Confessions* IX. 57.
(120) Ibid. *Rousseau juge de Jean-Jacques* IX. 133.
(121) Voyez note 115a. Lettre de Rousseau à M. Laliaud du 4 février 1769.
(122) *Oeuvres compl. Confessions* VIII. 196.

les montrer au public tels qu'ils étaient. Après avoir confessé ses propres erreurs dans l'histoire de sa jeunesse, il s'agissait aujourd'hui de parler de ses ennemis. »Je n'ai pas peur«, assure-t-il, »que le lecteur oublie jamais que je fais mes Confessions pour croire que je fais mon apologie: mais il ne doit pas s'attendre non plus que je taise la vérité lorsqu'elle parle en ma faveur.« Dès le début il réclame de ses lecteurs non seulement »le désir d'achever de connaître un homme« mais »*l'amour sincère de la justice et de la vérité;*« (123) et l'auteur des *Dialogues* affirma plus tard qu'il ne voulait point des lecteurs ne cherchant »qu'une lecture agréable et rapide«, mais des lecteurs capables de »souffrir un peu de fatigue et soutenir une attention suivie pour *l'intérêt de la justice et de la vérité.*« (124)

Cependant il est quelquefois très difficile et presque impossible de satisfaire l'auteur, de deviner ses intentions ou d'approuver ses combinaisons étranges. Nous lisons, par exemple, dans le livre IX des *Confessions* le passage suivant: »Quant j'appris (à l'Ermitage, au mois de janvier 1757) l'attentat d'un forcené (fait sur Louis XV), quand DELEYRE et Mme D'EPINAY me parlaient dans leurs lettres du trouble et de l'agitation qui régnaient dans Paris, combien je remerciai le ciel de m'avoir éloigné de ses spectacles d'horreur et de crimes.« (125a)

Probablement personne ne se doutera pourquoi l'auteur a écrit ce passage dans l'hiver de 1769 à 1770. En voici l'explication qui se trouve dans une lettre de ROUSSEAU à M. L. D. M. du 23 novembre 1770. L'auteur des *Confessions* eut en 1768 des affaires et un procès avec un certain THEREVIN, et il se persuada que tout cela encore était une oeuvre diabolique de ses ennemis. Ils voulaient, dit-il, constater »par l'experience, qu'un imposteur adroit pourrait m'embrasser, et que je manquais souvent du sang-froid et de la présence d'esprit nécessaires pour me démêler de ses ruses.« (125b) Peu de temps après l'aventure mentionnée »on arrêta, continue ROUSSEAU, sur la frontière du Dauphiné, un homme qu'on disait complice d'un attentat exécrable (de 1757): on m'assura que cet homme passait par Bourgoin. La rumeur fut grande, les propos mystérieux allèrent leur train, avec l'affectation la plus marquée.« L'agitation de JEAN-JACQUES fut horrible. Dans ce moment il découvrit que les lettres qui lui étaient volées appartenaient à l'hiver de 1756 à 1757, c'est à dire précisément à l'époque dont le prisonnier qui venait de passer lui avait rappelé l'idée, et à laquelle, sans cet événement, il n'aurait pas plus songé qu'auparavant. »Cette decouverte, déclare ROUSSEAU, me bouleversa; j'y trouvai la clef de tous les mystères qui m'environnaient.

(123) Ibid. VIII. 196. 197.
(124) Ibid. *Rousseau juge de Jean-Jacques. Dialogues.* IX. 105. 106.
(125a) Ibid. *Confessions* VIII. p. 314.
(125b) Ibid. *Corresp.* XII. p. 224.

Je compris que cet enlèvement de lettres avait certainement rapport au temps où elles avaient été écrites . . . . Je conclus de là que depuis plus de six ans (depuis l'enlèvement de lettres en 1762) ma perte était jurée, et que ces lettres . . . servaient à fournir les points fixes des temps et des lieux pour bâtir le système d'impostures dont on voulait me rendre la victime.« (125 c)

Maintenant le lecteur comprendra pourquoi l'auteur en hiver de 1769 à 1770 a inséré dans ses *Confessions* le passage cité sur l'attentat de 1757.

C'est ainsi que ROUSSEAU en rédigeant ses *Confessions*, en 1769 et 1770, forgeait ses armes défensives et offensives contre ses ennemis. Il voulait enfin »découvrir et déconcerter leur grande conspiration« contre sa personne, et dans ce but il crut qu'il fallait avoir de »nouveaux prosélytes et secours« (125 d) Parmi ses vieux amis ce fut à MOULTOU seul qu'il écrivit, le 4 avril 1770, qu'il ne s'agissait plus de défendre sa personne mais sa mémoire, et que depuis bien des années, pour accomplir cette œuvre méritoire, il avait choisi son digne ami MOULTOU. Cependant déjà, parmi les connaissances faites alors dans le midi de la France, il est des personnes qu'il trouva dignes de cette même confiance. C'est à ceux-ci que ROUSSEAU révéla, de vive voix et par écrit, les tristes secrets de sa vie et en même temps les méchancetés de ses ennemis. Nous trouvons dans sa correspondance imprimée une lettre à Mme. B. (Monquin le 17 janvier 1770), et principalement une lettre à M. DE SAINT-GERMAIN (Monquin, le $17\,{}^{2}_{2}{}^{6}\,70$), qui sont en partie ou en entier parfois mot à mot, des extraits des *Confessions* (126). En se promenant au printemps de 1770, dans les environs de Lyon, avec M. DE LA TOURETTE, ROUSSEAU lui récita »le préambule« de ses *Confessions*. »Que ce début«, s'écria plus tard de LA TOURETTE, me parut sublime: »il me fait bien regretter la suite que je ne connais pas.« (127)

Nous avons eu la tentation de mettre ici sous les yeux du lecteur les trois textes, c'est à dire ceux des deux lettres de ROUSSEAU du 17 janvier et du 26 février 1770, et celui des *Confessions*. Mais nous nous contenterons de donner un seul parallèle, qui nous paraît le plus intéressant de tous. Le voici:

(125c) Ibid. XII. p. 226.

(125 d) J. Dusaulx, *De mes rapports avec J.-J. Rousseau*. p. 61.

(126) *Oeuvres compl. Corresp.* Rousseau à Mad. B. le 17 janvier 1770. XII. 171. Rousseau à M. de Saint-Germain, et Mouquin le 26 févr. 70. XII. 179—199. Il faut comparer par exemple les deux lettres mentionnées p. 171 et p. 185 etc. entre elles et puis avec les *Confessions: Oeuvres* VIII. p. 250. etc.

(127) Lettre de M. de la Tourrette à M. J.-J. Rousseau, Lyon le 14 janvier 1772. Manuscr. de Neuchâtel. — Ernest Naville dans la *Bibliothèque universelle.* Août et mai 1862. — *Comp. Oeuvres compl. Conf.* VIII. 280. 281.

Lettre de Rousseau à M. DE SAINT-GERMAIN, à Monquin, le 17 $\frac{26}{2}$ 70 (*Oeuvres compl. Corresp.* XII. p. 185. 186.)	Les Confessions des J.-J. ROUSSEAU. (*Oeuvres compl. Conf.* VIII. p. 1 etc. p. 254.
»Je ne fis point un secret de ma conduite (de l'exposition des enfants) *à mes amis* ne voulant pas passer à leurs yeux pour meilleur que je n'étais.	. . . je le dis à DIDEROT, à GRIMM; je l'appris dans la suite à Mme D'EPINAY et dans la suite encore à Mme DE LUXEMBOURG . . . . En un mot, je ne mis aucun mystère à ma conduite, non seulement parce je n'ai jamais rien à cacher à mes amis« etc. etc.
	p. 1. (»le préambule«)
Quel parti les barbares en ont tiré! Avec quel art ils l'ont mise dans le jour le plus odieux . . . . ah; que *ces hommes* si sévères aux fautes d'autrui rentrent dans le fond de leur conscience, et que chacun d'eux se félicite s'il sent qu'au jour où tout sans exception sera manifesté, lui-même en sera quitte à meilleur compte.«	. . . . . Être éternel. Rassemble autour de moi *l'innombrable foule, de mes semblables*; qu'ils écoutent mes confessions, qu'ils gémissent etc. etc. Que chacun d'eux découvre à son tour son coeur au pied de son trône avec la même sincérité, et puis qu'un seul te dise, s'il ose: je fus meilleur que cet homme-là.«

Dans les *Confessions* destinées au public, l'auteur voudrait voir rassemblé autour de lui, au Jugement dernier, l'innombrable foule de ses semblables. Mais en écrivant ce passage il avait en vue, sinon exclusivement, du moins en première ligne, ses anciens amis qui »après sa rupture avec eux« ont »trahi la confiance de l'amitié, violé le plus saint de tous les pactes, publié les secrets versés dans leur sein, déshonoré à plaisir l'ami . . . . .« »Sans vouloir me disculper du blâme que je mérite« déclare ROUSSEAU, j'aime mieux en être chargé que de celui que mérite leur méchanceté.« (128)

L'auteur des *Confessions* fit part de tous ces événements de sa vie et de tous ses sentiments à ses connaissances du midi de la France. Expédier une longue lettre à M. DE SAINT-GERMAIN c'était élever celui-ci au rang de »dépositaire des éclaircissements qu'elle contenait et qui pouvaient importer un jour au triomphe de la vérité;« (129) et SAINT-GERMAIN le remercia de ce »dépôt«, de cette »marque de confiance et d'honneur.« (130). ROUSSEAU

(128) *Oeuvres compl. Conf.* VIII. p. 254. Voyez Ibid. *Corresp.* XII. p. 171 et 185.
(129) *Oeuvres compl. Corr.* XII. 179.

se persuada avoir trouvé en SAINT-GERMAIN le meilleur allié contre ses ennemis; et dès le moment où il lui écrivit ces paroles mémorables: »Je ne vous demande point, Monsieur, de secret sur cette lettre«, il espéra certainement que SAINT-GERMAIN ne tarderait pas à prendre les armes et s'engager dans la lutte qui allait s'ouvrir entre JEAN-JACQUES ROUSSEAU et ses ennemis. Dans ce but l'auteur des *Confessions* se crut obligé de se rendre avec son ouvrage à Paris, dans ce centre de la conjuration ourdie contre l'honneur de sa mémoire et contre le bonheur de sa vie. »J'envie la gloire des martyrs«, écrivait-il à SAINT-GERMAIN, ... Jusqu'ici j'ai supporté le malheur; il me reste à savoir supporter la captivité, la douleur, la mort.« (131)

ROUSSEAU arriva à Paris dans la seconde moitié de juin 1770: mais il n'y rencontra pas le moindre danger soit pour sa liberté, soit pour sa vie. »En vérité«, écrivait-il encore le 14 août 1770 à M. de SAINT-GERMAIN: »ma volonté n'est soumise qu'à la loi du devoir, mais ma personne l'est au joug de la nécessité.« (132) Néanmoins son esprit s'était déjà calmé. Ayant retrouvé son premier logis à partir de la dernière semaine de juillet, il y revit ses anciennes connaissances, s'y livra à son ancien métier de copiste et s'y retrouva à peu près dans la même situation qu'avant son départ« (en 1756). (133) Dès son arrivée la conduite de ROUSSEAU frappa ses amis. Il paraissait sans crainte dans les lieux publics. »Il va« raconte GRIMM dans sa *Correspondance littéraire*, le 15 juillet 1770, »il va beaucoup dans le monde, chez les belles dames . . . . Il va souper aussi chez SOPHIE ARNOULD, avec l'élite des petits-maîtres et des talons rouges, et il paraît que c'est RULHIÈRE qu'il a choisi pour conducteur . . . . Il a reçu chez lui la visite de plusieurs curieux. De ce nombre est M. le prince DE LIGNE . . .« (134)

Tout cela nous fait connaître quels grands changements s'étaient produits dans le coeur et l'esprit de JEAN-JACQUES ROUSSEAU. Il reprit tranquillement l'histoire de sa vie. A cette fin, le 20 septembre 1770, il demandait à Mme DE NADAILLAC de lui remettre »par une voye sûre . . le cahier de Confessions . ., dont vous, avez bien voulu être le dépositaire et que j'ai besoin de revoir en ce moment.« Cinq jours plus tard il pouvait lui accuser réception du paquet désiré. (135) Les autres pièces du dépôt de Mme DE NADAILLAC, dont nous avons parlé, sont toutes demeurées entre ses mains jusqu'après la mort de ROUSSEAU, et

(130) Lettre de M. de Saint-Germain à M. J.-J. Rousseau du 28 février 1770. Manuscr. de Neuchâtel.

(131) *Oeuvr. compl. Corr.* XII. p. 199. 198.

(132) Ibid. XII. p. 218.

(133) Voyez note 132.

(134) *Correspondance etc.* par Grimm etc. IX. 92.

(135) Rousseau à Mad. de Nadaillac le 17 $\frac{20}{9}$ 70 et le 17 $\frac{25}{9}$ 70. Manuscr. de Neuch.

furent alors remises à M. DU PEYROU qui les légua par testament, comme faisant partie de son grand dépôt de ROUSSEAU, à la Bibliothèque de Neuchâtel. (136).

BROUILLONS ET ESQUISSES CONCERNANT LA DERNIÈRE PARTIE DES CONFESSIONS.

Nous connaissons la manière de ROUSSEAU de méditer les sujets de ses ouvrages et de faire ses premiers jets. Aussi pour la seconde partie des *Confessions* nous avons encore de nombreuses ébauches, publiées par divers écrivains. Mais le seul éditeur qui n'ait pas ignoré que les morceaux qu'il donne au public fussent en rapport avec les *Confessions*, c'est M. G.-T. VILLENAVE. Nous lui devons un livre qui porte le titre suivant: »*Pensées d'un esprit droit et sentimens d'un coeur vertueux, par J.-J. Rousseau, ouvrage inédit. Imprimé sur le manuscrit autographe de l'auteur; suivi d'un autre opuscule de Rousseau intitulé: Moeurs, caractères.* A Paris, chez TOURNIER-FAVREUX. 1826. — Dans un avertissement, daté de Paris, 25 novembre 1825, G.-T. VILLENAVE nous apprend que le premier manuscrit provenait de l'hôtel de Luxembourg, qu'il passa succesivement en différentes mains et enfin en celles de M. TESSIER qui le céda à l'éditeur. Rien d'impossible à tout cela. Mais si VILLENAVE reconnaît dans les soixante-dix-sept *Pensées d'un esprit droit* etc. des fragments de la »*morale sensitive*«, il s'abuse complètement. Quiconque les lit et les compare avec l'idée précise et exacte que ROUSSEAU nous donne lui-même dans les *Confessions* de sa »*morale sensitive*« reconnaîtra tout de suite la grave erreur de VILLENAVE. *Les Pensées d'un esprit droit* etc. sont pour la plupart des sentimens ou des réflexions sur l'amour et sur l'amitié, qui nous rappelent en général les relations de ROUSSEAU avec Mme D'HOUDETOT et principalement avec ses anciens amis DIDEROT, GRIMM etc.; on pourrait les prendre parfois pour des variantes ou des notes du texte des *Confessions*. — Le second des manuscrits que VILLENAVE a publié et qu'il nomme lui-même »un brouillon«, contient quatorze articles divers. Tous sont des ébauches des *Confessions* et se retrouvent en général, plus ou moins modifiés, dans le livre douzième de cet ouvrage. L'article No. 5 sur Milord Maréchal (KEITH), et la circonstance, que ce »brouillon« s'est conservé en France, prouvent assez, que ROUSSEAU fit ces esquisses après son affaire avec HUME et après son retour en France.

Il y a encore dans l'ouvrage de FRITZ BERTHOUD deux passages destinés aux *Confessions* et qui datent du commencement de 1765.

(136) Manuscrits de M. Du Peyrou relatifs au dépôt mentionné et à son édition des Oeuvres de Rousseau, à la Bibl. de Neuchâtel.

Nous les avons déjà cités. Ce sont: »La persécution m'a élevé l'âme etc.« et »Tout lecteur sentira etc.« (137)

Le beau »fragment biographique« dans STRECKEISEN-MOULTOU, qui ne sait »déterminer d'une manière certaine le travail auquel il peut se rapporter«, contient une relation sur les années 1752—1754 et fut écrit entre 1764 et 1767. Car l'auteur y dit: »questions . . . que j'aurai occasion d'examiner dans mon *Dictionnaire de musique*«. Or nous savons que la publication de cet ouvrage fut décidée en 1764 et qu'il a paru en 1767. (138)

Parmi les »*Pensées détachées*« que donne STRECKEISEN-MOULTOU, les suivantes ont trait à la seconde partie des *Confessions*: 1) «Solitude chérie . . .« p. 354, 355. 2) »Les Français ne me haïssent pas . . . .« p. 357. 3) »Il se peut qu'ils aient . . .« p. 357. 4) »La honte accompagne l'innocence . . . .« p. 364. 5) »Toute la puissance humaine . . . .« p. 366, 357. (139)

Il est enfin encore deux articles qui rentrent dans les ébauches des *Confessions*. BOUGY les a pris pour des »fragments des Rêveries« et ils commencent dans sa publication l'un par ces paroles: »S'il y a désormais quelque change . . ,« et l'autre: »Quand mon innocence enfin reconnue . . .« (140)

Personne ne méconnaîtra le grand intérêt et l'importance que tous ces premiers jets ont pour la connaissance intime de l'auteur des *Confessions*. Ils nous le font voir, pour ainsi dire, en négligé; ils nous rendent témoins de son travail le plus intime, et nous permettent d'observer son génie dans toute sa spontanéité, dans toute l'inconscience de la production première. En comparant ces brouillons avec les rédactions postérieures et définitives, nous poursuivons les réflexions et les intentions de l'auteur, nous découvrons ses principes de l'art d'écrire et du développement des pensées. Mais parfois les différences entre les manuscrits résultent de changements importants arrivés depuis dans la vie de l'auteur, et dans ces cas chaque manuscrit prend en lui-même la portée d'un document historique.

(137) Fritz Berthoud, *J.-J. Rousseau au Val de Travers* 1762—1775. p. 363. (*Voyez: Confessions* IX. p. 37 (livre XII).

(138) Streckeisen-Moultou. *Oeuvres et corr. inédites*. p. 335 etc. Voyez: *Confessions* VIII. 259 etc. et 272 etc. (livre VIII); *Correspondance littéraire etc.* par Grimm, Diderot etc. Paris 1879. VII. 478.

(139) Streckeisen-Moultou, *Oeuvres et corr.*

(140) J.-J. Rousseau, *Fragments inédits etc.* par Alfred de Bougy. Paris 1853. p. 50 et p. 53. 54. — Entre les mains de Lakanal se trouva l'an III de la République *une grande quantité de manuscrits de Rousseau, entre autres deux cahiers qui renfermaient des additions aux Confessions.* Existent-ils encore? (Voyez: Morin, *Essai sur la vie et le caractère de J.-J. Rousseau* p. 595.)

CLOTURE DE LA RÉDACTION.

En se rendant à Paris, ROUSSEAU avait l'intention de »découvrir et de déconcerter la grande conspiration« de ses ennemis. Lorsque dans ce but il implora l'aide d'autres personnes, il fallut les informer de tout ce qui s'était passé jusqu'alors et de tous les gens en cause. ROUSSEAU crut atteindre ce but par des lectures confidentielles de ses mémoires et surtout des livres 9—11 de cet ouvrage. »Tous les intérêts relatifs à moi«, dit-il lui-même, »tous les motifs secrets y sont exposés.« (141)

Donc l'auteur des *Confessions* en avait termimé les livres VII—XI avant de quitter le midi de la France. Quand ROUSSEAU a-t-il rédigé le livre douzième? Où cela a-t-il eu lieu? Nous ferons observer d'abord que le livre onzième devait terminer la seconde partie des *Confessions*. »Si parmi mes lecteurs, dit l'auteur au commencement du livre douzième, il s'en trouve d'assez généreux pour vouloir approfondir ces mystères et découvrir la vérité, qu'ils relisent avec soin *les trois précédens livres*, qu'ensuite à chaque fait qu'ils liront *dans les suivans* ils prennent les informations qui seront à leur portée etc.« (142) — Si l'on prend au pied de la lettre la première phrase du livre douzième: »*(1762). Ici* commence l'oeuvre de ténèbres dans lequel, *depuis huit ans*, je me trouve enseveli etc.«: il faut en conclure, que l'auteur s'est mis à l'ouvrage après le mois de juin 1770. En effet la comparaison de la correspondance avec le sujet du livre douzième des *Confessions* nous fournit la preuve évidente que celui-ci fut écrit après le retour de ROUSSEAU à Paris. Le 4 avril il adressait encore une lettre très-aimable à M. LALIAUD, (143) qu'il juge très sévèrement dans ce livre (144). Même après ces tristes scènes de 1767, ROUSSEAU était demeuré dans les relations les plus intimes avec son ami DU PEYROU; néanmoins en 1779 il y eut une sorte de rupture et l'auteur des *Confessions* écrivait à DU PEYROU, Paris, le 15 novembre 1770, une lettre pleine pour la première fois de sarcasmes et d'aigres propos. (145) C'est dans cet état d'irritation qu'il fit dans ses *Confessions* le portrait si peu flatteur d'un vieil ami (146) à qui, en préparant ses *Confessions*, le 4 juillet 1765, il avait mandé ce qui suit: »Je souhaite de consommer un ouvrage où je pourrai parler de mon cher hôte d'une manière qui contente mon coeur.« (147) — Très-importante pour résoudre cette question est la comparaison

(141) *Oeuvres compl. Conf.* IX. 33. (Commenc. du livre XIIme.)
(142) Ibid. Voyez p. 70 de ces Recherches.
(143) Ibid. *Corresp.* XII. 211.
(144) Ibid. *Conf.* IX. 50.
(145) Ibid. *Corresp.* XII. 222. 223.
(146) Ibid. *Conf.* IX. 43.
(147) Ibid. *Corresp.* XI. 258.

suivante du texte des mémoires avec celui d'une lettre de ROUSSEAU.

ROUSSEAU à M. L. D. M.
Paris, le 29 novembre 1776.
(*Oeuvres compl. Corresp.* XII. p. 225 etc.)

. . . .

»En partant de Montmorency j'avois laissé à M. DE LUXEMBOURG tous mes papiers, les uns déjà triés, les autres qu'il se chargea de trier lui-même pour les envoyer avec les premiers, et brûler ce qui m'était inutile.*) En recevant cet envoi je trouvai qu'il manquait dans le triage plusieurs manuscrits que j'y avais mis, et nombre de lettres, indifférentes en elles-mêmes, mais qui faisaient lacune dans la suite que j'avais voulu conserver, ayant déjà formé le projet d'écrire un jour mes mémoires. Cette infidélité me frappa. Je ne pouvais l'attribuer à *M. le maréchal, dont je connaissais la droiture invariable et la vérité de son amitié pour moi:* je n'osais non plus en soupçonner Mme la maréchale, sachant surtout *qu'on ne pouvait* tirer de ces papiers *aucun usage qui pût me nuire, à moins de les falsifier.* Je présumai que M. D'ALEMBERT, qui depuis quelque temps s'était introduit auprès d'elle, *avait* trouvé *le moyen de fureter ces papiers et d'en enlever ce qu'il lui avoit plu, soit pour tirer de ces papiers ce qui lui pouvait convenir, soit pour tâcher de me susciter quelque tracasserie.* Comme j'étais déjà *déterminé à quitter tout-à-fait la littérature, je m'inquiétai peu de ces larcins,*

Confessions.
Livre XIIme.
(*Oeuvres compl. Conf.* IX. p. 46 etc.)

. . . en les (les lettres) arrangeant pour les transcrire, j'y trouvais une lacune, qui me surprit.

. . . Pour *M. le maréchal, dont je connaissais la droiture invariable et la vérité de son amitié pour moi,* je ne pus le soupçonner . . . . Je ne puis même arrêter ce soupçon sur Mme la maréchale; . . . quel intérêt pouvait-elle prendre aux lettres . . dont . . . . *on ne pouvait* faire *aucun usage qui pût me nuire, à moins de les falsifier.* [Enfin Rousseau imputa le vol] à D'ALEMBERT qui, déjà faufilé chez Mme DE LUXEMBOURG, *avait* pu trouver *le moyen de fureter ces papiers et d'en enlever ce qu'il lui avait plu . . soit pour chercher à me susciter quelque tracasserie, soit pour s'appropier tout ce qui lui pouvait convenir* . . . .

(*) Pour ces premières lignes voir: *Conf.* livre XIme. *Oeuvres compl. Conf.* IX. 28.

qui n'étaient pas les premiers de la même main, que j'avais endurés sans m'en plaindre.«	. . . . *déterminé à quitter tout à fait la littérature, je m'inquiétai peu de ces larcins qui n'étaient pas les premiers de la même main, que j'avais endurés sans m'en plaindre . . .«*
Note dans la lettre. (XII. p. 225.)	Note dans les Confessions. (XI. 47.)
»Sans parler ici de ses (D'ALEMBERT) *Éléments de musique*, *je venais de parcourir un Dictionnaire des beaux-arts* portant le nom d'un M. LACOMBE, dans lequel je trouvai beaucoup d'articles tout entiers de ceux que j'avais faits en 1749 pour l'Encyclopédie, et qui depuis nombre d'années étaient dans les mains de M. D'ALEMBERT.«	»J'avais trouvé dans ses *Éléments de musique* beaucoup de choses tirées de ce que j'avais écrit pour l'Encyclopédie, et qui lui fut remis plusieurs années avant la publication de ses *Élémens.* J'ignore la part qu'il a pu avoir à un livre intitulé *Dictionnaire des beaux-arts,* mais j'y ai trouvé des articles transcrits des miens mot à mot, et cela longtemps avant que ces mêmes articles fussent imprimés dans l'Encyclopédie.«

Pour ne parler que de la fin, le lecteur remarquera sur le champ que, quant au contenu de la note, la lettre en donne la forme primitive. Donc la lettre doit avoir été écrite avant les *Confessions.* Mais le point décisif ce sont les paroles suivantes de sa note: »*je venais de parcourir un Dictionnaire*« etc., c'est à dire que ROUSSEAU n'a pris connaissance de cet ouvrage qu'à peu près au moment où il écrivait la lettre à M. L. D. M.; et, cette lettre ayant été rédigée le 20 novembre 1770, la note citée des *Confessions* ne peut avoir été écrite qu'après le 20 novembre 1770. Enfin, cette note ayant trait nécessairement aux paroles de la lettre et du texte des *Confessions:* »Je m'inquiétai peu de ces larcins, qui n'étaient pas les premiers de la même main«: nous avons la preuve évidente que ROUSSEAU a écrit à Paris, après le 20 novembre 1770, au moins les trois derniers quarts du livre douzième de ses Mémoires.

LECTURES CONFIDENTIELLES DES CONFESSIONS. — L'AUTEUR DÉTROMPÉ

»Je dois le reste de ma vie, déclarait l'auteur des *Confessions* à M. DE SAINT-GERMAIN, à l'honneur de ma mémoire;« mais, pour agir sur l'avenir, il fallait se confier à la jeunesse. Les belles dames, l'élite des petits-maîtres et des salons rouges, quelques personnes de la plus haute aristocratie, fait observer GRIMM —, voilà la société parisienne de JEAN-JACQUES ROUSSEAU en 1770.

Avant la fin de cette année il fut intimement lié au comte et à la comtesse D'EGMONT. (148) C'est à eux et à leurs connaissances, au prince DE PIGNATELLI, à Mme la marquise DE MESME, et au marquis DE JUIGNÉ qu'il fit la première lecture de ses *Confessions*. La seconde eut lieu chez M. PEZAY devant une société d'hommes de lettres composée de DUSAULX, DORAT, BARBIER DE NEUVILLE, LE MIERRE. La troisième et dernière séance se fit chez le poète DORAT, où une foule de jeunes littérateurs inconnus se pressait autour de ROUSSEAU. Ces trois conférences eurent lieu durant l'hiver de 1770 à 1771, et cela avant le 9 février 1771, car DUSAULX assista à la seconde ainsi qu'à la troisième, et l'amitié de ROUSSEAU pour DUSAULX finit le 9 février 1771. L'auteur des *Confessions* commença chaque conférence par la lecture d'un petit discours de deux ou trois pages, pour »capter, comme dit DUSAULX, la bienveillance et l'attention de son auditoire.« (149) Ce petit discours nous est parvenu, et en le relisant nous voyons combien DUSAULX lui-même l'avait mal compris. (150) L'auteur y expose tous les motifs de la lecture des *Confessions*. Il voulait, selon sa déclaration expresse, »placer son dépôt dans des coeurs vertueux et honnêtes qui en conservent le souvenir«, parce qu'il ne lui restait point »d'autres moyens sûrs pour le conserver«, vu que ses »vils accusateurs« n'attendaient que sa mort pour »rendre publiques leurs sourdes impostures«. Il lui »importe que les détails de sa vie soient connus de quelqu'un *qui aimât la justice et la vérité* et qui fût assez jeune pour devoir naturellement lui survivre«. Il voulait »faire ses *Confessions* aux hommes de bien et il les priait d'en recevoir le dépôt dans leur mémoire sans autres *conditions que d'en user* durant sa vie pour vérifier dans les conditions, ce qu'il leur aurait dit et pour rendre, après sa mort, la justice qu'ils croyaient devoir à sa mémoire sans faveur et sans particularité.« Il »osa charger ses auditeurs de l'emploi le plus noble que des mortels puissent remplir sur la terre, puisqu'il s'agissait de décider, pour toute la postérité, si son nom, qui devait vivre, y devait passer avec opprobre ou avec gloire.«

C'est ainsi que ROUSSEAU travailla pour »l'honneur de sa

(148) Boscha. p. 307. Comp. p. 296 note.

(149) Dusaulx. *De mes rapports avec J.-J. Rousseau.* — Rousseau. *Oeuvres compl. Conf.* IX. 82.

(150) Streckeisen-Moultou. *Oeuvres et corresp. inédites de J.-J. Rousseau.* p. 323 etc. *Discours prononcé par J.-J. Rousseau etc.* La publication de ce manuscrit est assez correcte mais »l'avis de l'éditeur« n'apprend au lecteur qu'une chose: l'ignorance de l'éditeur. — A l'égard du discours on remarquera par le passage final (»Vous êtes les premiers . . . . . . sacrifier à la vérité«) que l'on y a celui de la première séance, à laquelle assistaient des dames. Dans les deux autres conférences, Rousseau a naturellement supprimé ce passage.

mémoire« ; c'est pourquoi il ne lut pas les six premiers livres, qui contiennent l'histoire de ses »fautes et erreurs«, et qu'il »se borna . . . à faire . . . le narré fidèle de tout ce qui lui était arrivé depuis son entrée en France (1742) jusqu'à son départ de Montmorency« (1762). (151) C'est à dire qu'il ne lut que les livres VII—XI de ses *Confessions*. Dans les deux dernières conférences il n'a lu non plus que cette même partie. En effet, les conférences ayant duré, suivant la relation de DUSAULX, chacune dix-sept heures, avec de courtes interruptions, et ROUSSEAU ayant lu par heure de treize à quartorze pages, il n'a pu achever tout au plus que les 230 pages, que les livres VII à XI ont dans l'édition de ses oeuvres de 1872. (152)

(151) Voyez note 150.

(152) Nous connaissons quatre relations sur les lectures des *Confessions* de Rousseau: 1) La relation de Dorat, réimprimée dans l'édition des *Oeuvres de J.-J. Rousseau*, Genève M.DCC.LXXXII. 2) La relation du comte Barruel-Beauvert dans sa *Vie de J.-J. Rousseau* 1789 p. 388 etc. Elle est fondée sur la tradition orale et probablement sur des informations de Dusaulx et de Le Mierre ou plutôt de Le Mierre seul. (Voyez p. 390.) 3) La relation de Mercier dans son ouvrage intitulé: *De J.-J. Rousseau, considéré comme l'un des premiers auteurs de la révolution* Paris 1791: (II. 266.) Elle n'est rien autre qu'un plagiat du comte Barruel-Beauvert, *Vie de J.-J. Rousseau*. 4) La relation de Dusaulx dans sa brochure: *»De mes rapports avec J.-J. Rousseau«* 1798.

La plus ancienne et la plus fidèle de ces quatre relations est celle de Dorat. La voici:

Extrait du Journal de Paris du 9 août 1778 Nr. 221.

Il y a sept ou huit ans, Messieurs, qu'après avoir entendu les Mémoires de J.-J. Rousseau, j'écrivis la lettre que je vous envoie, à une femme digne d'apprécier ce grand homme. Je ne sais par quel hasard je l'ai retrouvée imprimée dans un papier public. Je vous la fais passer telle que je l'ai écrite, et je vous prie de vouloir bien l'insérer dans le Journal de Paris.

A trois heures après minuit. Je rentre chez moi, Madame, ivre de plaisir et d'amiration; je comptais sur une séance de 8 heures, elle en a duré 14 ou 15 [selon Dusaulx 17 et selon Barruel-Beauvert 18], nous nous commes assemblés à 9 heures du matin [selon Dusaulx a 6 heures et selon Barruel à 7 heures du matin], et nous nous séparons à l'instant sans qu'il y ait eu d'intervalle à la lecture que ceux du repos dont les instans, quoique rapides, nous ont encore paru trop longs. Ce sont les mémoires de sa vie que Rousseau nous a lus. Quel ouvrage! Comme il s'y peint, et comme on aime à l'y reconnaître! Il y avoue ses bonnes qualités avec un orgueil bien noble, et ses défauts avec une franchise plus noble encore. Il nous a arraché des larmes par le tableau pathétique de ses malheurs et de ses faiblesses, de sa confiance payée d'ingratitude, de tous les orages de son coeur sensible, tant de fois blessé par la main caressante de l'hypocrisie, surtout de ces passions si douces qui plaisent encore à l'âme qu'elles rendent infortunée. J'ai pleuré de bon coeur; je me faisais une volupté secrète de vous offrir ces larmes d'attendrissement auxquelles ma situation actuelle a peut-être autant de part que ce que j'entendais. Le bon Jean-Jacques, dans ces Mémoires divins, fait d'une femme [Mad. d'Houdetot] qu'il a adorée, un portrait si enchanteur, si aimable, d'un coloris si frais et si tendre, que j'ai cru vous y reconnaître; je jouissais de cette délicieuse ressemblance, et ce plaisir était pour moi seul. Quand on aime, on a mille puissances que les indifférens ne soupçonnent même pas, et pour lesquelles les témoins disparaissent.

A la fin de sa première lecture, chez le comte D'EGMONT, l'auteur des *Confessions* dit un épilogue non moins solennel et non moins grave que son discours d'introduction. »J'ai dit, telles furent ses paroles, la vérité: si quelqu'un sait des choses contraires à ce que je viens d'exposer, fussent-elles mille fois prouvées, il sait des mensonges, et des impostures; et s'il refuse de les approfondir et de les éclaircir avec moi tandis que je suis en vie, il *n'aime ni la justice ni la vérité*. Pour moi, je le déclare hautement et sans crainte: quiconque, même sans avoir lu mes écrits, examinera par ses propres yeux mon naturel, mon caractère, mes moeurs, mes penchants, mes plaisirs, mes habitudes, et pourra me croire un malhonnête homme, est lui-même un homme à étouffer.« (153)

Personne n'a manifesté une plus grande fierté morale, personne n'a provoqué plus hardiment le jugement de ses semblables que l'auteur des *Confessions*. C'est, il est vrai, dans l'intimité qu'il s'est montré tel qu'il était et qu'il a dépeint en même temps ses amis d'autrefois, mais il n'a jamais réclamé le secret. Il permit que ses auditeurs prissent des notes et les envoyassent aux journaux, ainsi que le fit DORAT. De la sorte M. DE LA TOURETTE fut étonné de trouver dans *l'Avant-coureur* que ROUSSEAU avait lu ses Mémoires devant plusieurs amis. (153) ROUSSEAU a même confié son manusrit à ses amis, et RULHIÈRE put le montrer au roi de Suède. (154) Bientôt tout Paris parla des mémoires de ROUSSEAU, et beaucoup de gens se sentirent blessés par ses audacieuses indiscrétions. M. DE MALESHERBES pria DUSAULX de décider l'auteur à supprimer certains articles

Mais ne mêlons rien de moi à tout cela, afin de vous intéresser davantage; l'Ecrit, dont je vous parle, est vraiment un chef-d'oeuvre de génie, de simplicité, de candeur et de courage. Que de géans changés en nains! Que d'hommes obscurs et vertueux rétablis dans tous leurs droits, et vengés à jamais des méchans, par le seul suffrage d'un honnête homme! Tout le monde y est nommé. On n'a pas fait le moindre bien à l'auteur qui ne soit consacré dans son livre; mais aussi démasque-t-il avec la même vérité tous les charlatans dont ce siècle abonde.

Je m'étends sur tout cela, Madame, parceque j'ai lu dans votre âme bienfaisante, délicate et noble, parceque vous aimez Rousseau, parceque vous êtes digne de l'admirer, enfin parceque je me reprocherais de vous cacher une seule des impressions douces et honnêtes que mon coeur éprouve. Trois heures sonnent, et je ne m'arrache qu'avec peine au plaisir de m'entretenir avec vous; mais je vous ai offert ma première et ma dernière pensée; j'ai entendu la confession d'un sage; ma journée n'est point perdue.«
(*Oeuvres* de J.-J. Rousseau. Édition de Genève. 1782. XXX. 260. note g.)

(153) *Oeuvres compl. Conf.* IX. 82. Nous avons dû transcrire ici tout ce passage, parce qu'encadré dans l'ensemble des éclaircissements que nous donnons, il est mis pour la première fois sous son vrai jour.

(154) Dusaulx, *De mes rapports*, etc. — Lettre de M. de la Tourette à M. J.-J. Rousseau. Janvier 1772. Manuscr. de Neuchâtel. — Voyez *Correspondance etc.* par Grimm etc. IX. 275. Pendant le séjour du prince royal de Suède à Paris dans les premiers mois de 1771 son père mourut et il devint roi étant à l'étranger.

qui compromettaient des familles entières. Mme D'EPINAY s'adressa même à la police, afin que les terribles lectures des *Confessions* fussent défendues; mais, pour éviter le scandale public, elle le fit avec la ruse d'une femme. »Après y avoir réfléchi, écrivait-elle au lieutenant de police de Sartine, je pense qu'il faut que vous parliez à lui-même (à ROUSSEAU) avec assez de bonté pour qu'il ne puisse s'en plaindre, mais avec assez de fermeté cependant pour qu'il n'y retourne pas. Si vous lui faites donner sa parole, je crois qu'il la tiendra. Pardon mille fois, mais il y va de mon repos, et c'est le repos de quelqu'un que vous honorez de votre estime et de votre amitié, et qui, quoi qu'en dise JEAN-JACQUES, se flatte de la mériter.« (155)

Ce fut tout. ROUSSEAU voulait provoquer la foule de ses ennemis à s'élever ouvertement contre lui et à lui rompre publiquement en visière. Quel fut le résultat? Cette femme, qui vivait dans l'intimité de GRIMM, qui avait gagné l'amitié de DIDEROT et qui était devenue enfin le centre de la clique D'HOLBACH, se lia clandestinement avec la police. Cependant ce ne fut pas la seule et la plus douloureuse désillusion de ROUSSEAU.

En communiquant ses *Confessions* à des sociétés entières et à des individus, ROUSSEU avait cherché du secours »pour découvrir et déconcerter la grand conspiration de ses ennemis«; il ne trouva partout que l'indifférence et même la perfidie. Ces lectures à peine terminées, ROUSSEAU s'aperçut qu'il les avait »prodiguées aux oreilles les moins faites pour les entendre« et qu'ils les avait »profanées«. Ses auditeurs »n'y cherchaient rien, n'y trouvaient rien qu'une lecture agréable et rapide« et ils restaient indifférents »pour l'intérêt de la justice et de la vérité.« (156). ROUSSEAU a décrit lui-même l'effet que produisit sa première lecture sur la société. aristocratique du comte D'EGMONT. »Tout le monde se tut, dit-il. Mad. D'EGMONT fut la seule qui me parut émue: elle tressaillit visiblement, mais elle se remit bien vite, et garda le silence ainsi que toute la compagnie. Tel fut le fruit que je tirai de cette lecture et de ma déclaration« (c'est à dire de l'épilogue). (157) ROUSSEAU récolta des fruits plus mauvais encore dans les autres classes de la société. Des hommes de lettres remarque-t-il lui-même, à qui il avait »permis de prendre note de tout ce qu'ils voulaient retenir«, ne prirent point note des passages favorables et ne manquèrent pas de consigner avec soin tous ceux où la vérité forçait l'auteur à s'accuser et à se charger lui-même.« (158) Ces gens en tirèrent parti pour

(155) Dusaulx, *De mes rapports*, etc. — *Mémoires de Mad. d'Epinay* etc. par M. Paul Boiteau II. 491. Voyez encore: *Oeuvres compl. Corresp.* Rousseau à M. de Sartine le 15 janvier 1772. XII. 242.

(156) *Oeuvres compl. Rousseau juge de Jean-Jacques.* Dialogues. IX. 234. 235. Préface 106.

(157) Ibid. Conf. IX. 82.

(158) *Oeuvres compl. Rousseau juge* etc. IX. 183.

»le diffamer . . .; et le plus sacré dépôt de l'amitié est devenu dans leurs mains l'instrument de la trahison. Ils ont travesti ses défauts en vices, ses fautes en crimes, les faiblesses de sa jeunesse en noirceurs de son âge mûr« . . . . . »Pour décrier ses *Confessions* . . . ils ont intrigué, manoeuvré, dans tous les lieux où il a vécu, et dont il leur a fourni les renseignements, pour défigurer toute sa vie, pour fabriquer avec art des mensonges, qui en donnent l'air à ses *Confessions*, et pour lui ôter le mérite de la franchise, même dans les aveux qu'il fait contre lui.« (159) Rousseau renonça à tout commerce avec le comte d'Egmont et sa société, et rompit avec Dusaulx et ses congénères. »Que pouvais-je attendre, s'écrie-t-il, des gens qu'on avait mis autour de moi depuis ce temps-là, et dont toutes les manoeuvres m'annoncaient si clairement les intentions? Leur commettre mon manuscrit n'était autre chose que vouloir le remettre moi-même à mes persécuteurs; et la manière dont j'étais enlacé ne me laissait plus le moyen d'aborder autre personne.« (160) Voilà donc le malheureux Rousseau retombé dans sa funeste manie de persécution. En ce moment il se brouilla même avec Duclos, dont il avait cultivé l'amitié depuis vingt ans, et qu'il avait toujours regardé comme le seul homme sûr, vrai et vertueux parmi les gens de lettres. Duclos mourut en 1772. Quatre ans plus tard, Rousseau l'accusa publiquement d'avoir abusé de la manière la plus honteuse des *Confessions* qu'il lui avait confiées, et de n'avoir fait »du plus sacré dépôt de l'amitié qu'un instrument d'imposture et de trahison.« C'est à cause des *Confessions* qu'il rompit aussi le commerce avec madame de Créqui »au bout de trente ans d'une amitié très-suivie.« (161)

Tels furent les résultats de la singulière entreprise de Rousseau de »découvrir et de déconcerter la grande conspiration de ses ennemis« par la communication de ses Mémoires faite à certaines sociétés et aux intimes.

LE TESTAMENT DE JEAN-JACQUES ROUSSEAU

L'auteur des *Confessions* avait été prévenu à temps, et cela très sérieusement, des dangers que ses fatales démarches devaient attirer sur sa personne. M. de Saint-Germain, à qui il avait exposé son plan, à Monquin, le 26 février 1770, lui répondit deux jours après: que Rousseau donnait, par sa trop grande sensibilité, les armes les plus cruelles entre les mains de ses ennemis, qu'il gémissait néanmoins avec raison du temps qu'il avait dépensé parmi les grands, les beaux-esprits et les oisifs, parce que sa sincérité et son honneur, malgré la supériorité et la

(159) Ibidem IX. 266.
(160) Ibid. IX. 316.
(161) Ibid. IX. 316. — Musset Pathay, *Oeuvres inédites* de J.-J. Rousseau etc. I. p. 473. 474.

force de son génie, ne pouvaient qu'échouer parmi eux. »Mais pourquoi, lui demande SAINT-GERMAIN, voulez-vous maintenant sacrifier votre temps à vos ennemis? Vous dites que c'est pour découvrir et confondre la noirceur des projets formés contre votre réputation. Si votre réputation est attaquée, ce n'est point vous, Monsieur, qui avez à la défendre, ce sont les honnêtes gens, qui connaissent vous et vos ouvrages. Eux seuls, quoique en petit nombre, fermeront la bouche à vos ennemis. Quant à vous, en usant de vos talens même au-dessus de vos espérances, vous compromettriez l'honneur acquis, en sacrifiant certainement et hors de saison votre personne«. Pour ces raisons SAINT-GERMAIN exhorte derechef son ami à remettre le soin de sa justification à ses oeuvres et aux honnêtes gens du siècle et de la postérité, de vivre dans la retraite, de conserver à son coeur cette paix que les hommes ne pouvaient ni troubler ni donner, d'être résigné à la volonté de Dieu, de souffrir avec patience les maux et les injures, d'être utile à ses frères, même à ses ennemis: »voilà, dit SAINT-GERMAIN la vengeance terrible, que vous pouvez exercer contre eux, et la meilleure preuve de votre innocence.« (162)

Ce ne fut qu'au bout d'un an que l'auteur des *Confessions*, après avoir fait les plus tristes expériences, revint sur ces conseils de son ami. C'est alors qu'il publia ce qui suit: »Je déclare à tous mes adversaires faisant raisonnements, sermons, railleries, critiques et satires, que je ne suis humilié ni enorgueilli de leur grand nombre, *mais je me repens beaucoup d'avoir défendu quelques-unes de mes opinions et de mes actions. Les écrits doivent se défendre eux-mêmes. A l'égard des actions, un homme ferme doit se contenter du témoignagne de sa conscience et dédaigner tout le reste, Le prétexte de repousser la calomnie, de défendre son honneur, est un prestige de l'amour-propre, prestige auquel j'ai résisté souvent, plus souvent peut-être qu'aucun autre écrivain, mais j'ai eu le malheur de me laisser entraîner quelquefois à cette illusion. J'ai manqué l'occasion de donner un exemple unique de constance philosophique et de fermeté stoïque, celui de n'opposer à cette légion d'adversaires qu'un silence absolu. Si j'avais toujours su me taire, je n'aurais pas pris la peine d'écrire ceci; mais je l'ai prise, parce-qu'une faute de plus ou de moins n'est qu'une bagatelle.*«

On reconnaîtra facilement, dans cette déclaration de ROUSSEAU, les conseils de SAINT-GERMAIN; mais il est à présumer qu'on vient de la lire ici pour la première fois. Aucune édition des oeuvres de ROUSSEAU ne contient l'ouvrage auquel appartiennent les paroles citées, et jamais, à notre connaissance, les historiens ni les critiques, ni même les éditeurs de la *France littéraire* n'en

(162) M. de Saint-Germain à M. J.-J. Rousseau, le 28 février 1770. Manuscr. de Neuchâtel.

ont parlé. (*) L'ouvrage dont la déclaration citée est la dernière partie porte le titre suivant:

LE TESTAMENT
de
JEAN-JACQUES ROUSSEAU.
Qui notus nimis omnibus Ignotus moritur sibi.
M. DCC. LXXI.

Je n'ai trouvé cet opuscule de soixante-deux pages in 8° qu'à la Bibliothèque royale de Berlin. L'auteur y imite de la façon la plus parfaite le langage des testateurs dans leurs dernières volontés. Il y cache, sous une simplicité admirable, le plus profond et la plus spirituel commentaire de ses oeuvres; et, en jugeant les hommes et les choses, il manifeste cette urbanité classique qui caractérise son génie même dans l'ironie, dans la plaisanterie et dans la satire. Le tout respire la paix du coeur et la résignation.

Obtempérant enfin aux exhortations de son ami SAINT-GERMAIN, ROUSSEAU remit sa justification aux honnêtes gens sinon du siècle, au moins de la postérité, et principalement à ses écrits. Pour ce qui est de ces derniers, il croit devoir exposer à ses lecteurs leur caractère et leur but véritables. A cette fin il parle dans *Le Testament* successivement de son *premier* et de son *second discours*, du *Contrat Social*, de la *Nouvelle Heloïse*, *d'Emile* et des *Lettres écrites de la Montagne*. Jamais par exemple on n'a relevé si bien le point essentiel du *Contrat Social* que l'auteur ne l'a fait dans son *Testament;* et aucun autre que lui même n'aurait su expliquer si parfaitement pourquoi il ne s'est pas étendu, dans ce livre, sur le gouvernement de l'Angleterre.

Pour s'assurer un asile en France, ROUSSEAU avait fait remettre au ministe d'État, duc DE CHOISEUL, la promesse de ne faire paraître aucun de ses ouvrages sans son consentement. Cet homme puissant étant tombé en disgrâce, perdit son poste le 24 décembre 1770. Néanmois, dans l'hiver 1771 à 1772, ROUSSEAU s'adressa à lui par l'entremise de ses connaissances afin qu'il lui rendît sa parole, et le duc obtempéra à son désir

(*) Il n'est pas impossible que le titre de cet ouvrage *Le Testament* etc. ait rebuté alors tout le monde. Au dix-huitième siècle des charlatans littéraires et politiques ont fabriqué nombre de soi-disant Testaments des grands princes ou des illustres hommes d'État. Plus tard le public s'aperçut avoir été la dupe de ces productions, et en devint plus méfiant. Des satires même, qui portaient ce titre, cessèrent de réussir. C'est ce qui est arrivé en 1762 au *Testament de M. de Voltaire, trouvé parmi ses papiers après sa mort,* et dans l'hiver 1770 à 1771 au *Testament politique de M. de Voltaire,* qui n'était rien autre qu'une amplification de la facétie de 1762. Des plaisanteries de cette façon avaient peut-être encore du succès au Marais, mais elles restaient absolument ignorées »dans le quartier du Palais Royal et dans le Faubourg Saint-Germain.« (*Correspondance littéraire* etc. par Grimm, Diderot etc. Paris, Garnier Frères V. 51 et IX. 241.)

par une lettre du 5 février 1772. (163) Ainsi le *Testament* a paru en 1772, mais portant, comme tous les documents de ce genre, la date de sa conception, l'année 1771.

Les dernières volontés d'un homme intéressent toujours tous ceux à qui elles s'adressent. Mais le testament de ROUSSEAU resta tout-à-fait ignoré, même de ses contemporains.

Désespérant du genre humain, ROUSSEAU rompit alors tout commerce et toute correspondance même avec ses vieux amis. Quant à ses ouvrages, il n'y compta pas non plus; car tout-à-coup son esprit se vit dominé par l'idée fixe que ses ennemis fabriquaient sous son nom des livres exécrables, tout en persuadant au public que JEAN-JACQUES ROUSSEAU n'était point l'auteur de ceux qu'il avait écrits en réalité; qu'ils préparaient partout des éditions de ses oeuvres qui, étant mutilées et falsifiées, ne pouvaient que flétrir son nom parmi les hommes de son temps et de l'avenir.

Ainsi les sages conseils de M. SAINT-GERMAIN furent inutiles à l'auteur des *Confessions*. Ce fut en vain que ce malheureux les professa dans son *Testament* de 1771, et qu'il y mit sous leur vrai jour ses ouvrages principaux dont, selon l'opinion de son ami, il pouvait attendre sa justification. Pour »l'honneur de sa mémoire«, il fallait alors de nouveaux moyens et son génie original en a trouvé des plus singuliers.

SUITE ET FIN DES CONFESSIONS

Dans les derniers jours de 1770 ou dans les premiers de 1771, ROUSSEAU termina par le livre douzième *la seconde partie* de l'histoire de sa vie. Il la clot par ces paroles: »On verra dans ma *troisième partie*, si jamais j'ai la force de l'écrire, comment, croyant partir pour Berlin (en quittant, en 1765, la Suisse), je partis en effet pour l'Angleterre, et comment les deux dames (de BOUFFLERS et DE VERDELIN), qui voulaient disposer de moi, après m'avoir à force d'intrigues chassé de la Suisse, où je n'étais pas assez en leur pouvoir, parvinrent enfin à me livrer à leur ami« (HUME). (164) Le livre douzième, réuni aux livres VII—XI pour des motifs de convenance littéraire, appartient par son sujet à la troisième partie que l'auteur projetait. En effet il dit lui-même dès le début: »Si parmi mes lecteurs il s'en trouve d'assez généreux pour vouloir approfondir ces mystères et découvrir la vérité, qu'ils relisent avec soin les trois précédents livres, (IX—XI); qu'ensuite à chaque fait qu'ils liront *dans les suivants*, ils prennent les informations qui seront à leur portée« *etc.* (165)

(163) La lettre du duc de Choiseul fut publiée par Le Torneur *Voyage à Ermenonville* 1788, et réimprimée dans la *Nouvelle Heloïse*, édition de Lausanne 1792. I. Introduction page XVII note.

(164) *Oeuvr. compl. Conf.* IX. 81.

(165) Ibid. p. 33.

Néanmoins ROUSSEAU abandonna le projet d'écrire une troisième partie de ses *Confessions*. Dans le discours prononcé avant chacune des trois lectures des *Confessions*, il déclarait déjà: »après avoir poussé l'exécution de cette entreprise assez loin, je me suis vu forcé d'y renoncer ou du moins de la suspendre; mais ce qui est fait, suffit pour qu'on puisse porter un jugement éclairé et de moi et des gens à qui j'ai eu affaire.« (166) Dans les *Confessions* elles-mêmes il caractérise les livres IX—XI de l'histoire de sa vie comme ceux où il marque toutes les causes premières des événements qui le regardent, des traitements qu'il a soufferts, et de tout ce qui lui est arrivé. (167) Dans les Dialogues enfin nous lisons le passage suivant: ROUSSEAU »a dignement exécuté ce projet (d'écrire sa vie) jusqu'au temps des malheurs de sa vie (le voyage en Angleterre); dès lors il s'est vu forcé d'y renoncer. Accoutumé à ses douces rêveries, il ne trouva ni courage ni force pour soutenir la méditation de tant d'horreurs; il n'aurait même pu s'en rappeler l'effroyable tissu, quand il s'y serait obstiné. Sa mémoire a refusé de se souiller de ces affreux souvenirs; il ne peut se rappeler l'image que des temps qu'il verrait revenir avec plaisir: ceux où il fut la proie des méchans en seraient pour jamais effacés avec les cruels qui les ont rendus si funestes, si les maux qu'ils continuent à lui faire ne réveillaient quelquefois, malgré lui. l'idée de ceux qu'ils lui ont déjà fait souffrir.« (168)

ROUSSEAU avait promis ses confessions et il croyait avoir rempli sa promesse. Pour l'auteur même elles furent l'expiation des fautes et des erreurs de sa vie; elles devaient être sa justification auprès des lecteurs. Mais l'expérience le détrompa cruellement. Les hommes à qui il lut ou confia ses mémoires, pour les mettre en état de combattre les calomnies et les mensonges de ses ennemis, »ne firent de ce dépôt sacré de l'amitié qu'un instrument d'imposture et de trahison.« Ils initièrent le public à toutes les faiblesses, aux fautes les plus secrètes de ROUSSEAU, et au lieu de citer en même temps tout ce qui parlait en sa faveur, ils exagérèrent et aggravèrent encore ces fautes. Alliés aux ennemis de ROUSSEAU qui falsifiaient les ouvrages publiés, ils falsifièrent à leur tour les mémoires dont ils devaient la connaissance à la confiance de l'auteur. »Eh! s'écrie celui-ci, puisqu'ils savent empoisonner ses écrits qui sont sous les yeux de tout le monde, comment n'empoisonneraient-ils pas sa vie, que le public ne connaît que sur leur rapport.« (169)

Les *Confessions* sont inspirées par la plus grande fierté morale. »Quand ROUSSEAU, dit-il lui-même, se vit défiguré par les

(166) Streckeisen-Moulton. *Oeuvres et corr. inéd.* p. 327.
(167) *Oeuvr. compl. Conf.* IX. 33.
(168) *Oeuvr. compl. Rousseau juge de Jean-Jacques. Dialogues.* IX. 234 etc.
(169) Ibid. p. 266.

hommes, au point d'y passer pour un monstre, la conscience qui lui faisait sentir en lui plus de bien que de mal, lui donna le courage que lui seul peut-être eut et aura jamais, de se montrer tel qu'il était« (170) Malgré toutes ses fautes et toutes ses erreurs il se crut toujours bon et pensa qu'il serait devenu vertueux par sa réforme morale. Il se jugea même »à tout prendre le meilleur des hommes«, et c'est pourquoi il ne craignit pas de confesser toutes ses fautes, même toutes ses mauvaises pensées. Suivant l'exemple du personnage idéal de SOPHIE dans son *Émile,* il a résolu — nous le répétons — de dire tout ce qui était contre lui et de taire en même temps ce qui l'excusait, le justifiait peut-être.

Nous avons vu que l'auteur des *Confessions* trouva cependant déjà en 1766 la franchise trop dangereuse et qu'il rejeta la première rédaction de cet ouvrage pour ne pas offrir lui-même trop de prise à ses ennemis. Mais jusqu'à la rédaction définitive des *Confessions* ne pouvait être que fatale pour à l'auteur. — »Le mal, dit-il dans les *Dialogues*, qui ne nuit point à d'autres peut se faire quand on fait le bien qu'il rachète. Il (ROUSSEAU) n'a pas été si discret dans ses *Confessions*, et peut-être n'en a-t-il pas mieux fait.« (171) »J'ai souvent dit le mal, lisons-nous enfin dans les *Rêveries*, dans toute sa turpitude, j'ai rarement dit le bien dans tout ce qu'il eut d'aimable, et souvent je l'ai tu tout-à-fait, parcequ'il m'honorait trop, et que faisant mes *Confessions* j'aurais l'air d'avoir fait mon éloge.« .... »Loin d'avoir rien tu, rien dissimulé qui fût à ma charge, par un tour d'esprit que j'ai peine à m'expliquer et qui vient peut-être d'éloignement pour toute imitation, je me sentais plutôt porté à mentir dans le sens contraire en m'accusant avec trop d'indulgence et ma conscience m'assure qu'un jour je serai jugé moins sévèrement que je ne me suis jugé moi-même.« (172)

En attendant ROUSSEAU ne cessait de donner au public des éclaircissements à l'égard des *Confessions*, afin de le rendre enfin capable de les comprendre et de les apprécier. Après avoir douloureusement éprouvé ce qu'il en coûte d'être trop indiscret et trop indulgent dans l'accusation de soi-même, il dut encore entreprendre sa propre justification. C'est à cette fin qu'il écrivit, entre la seconde moitié de 1772 et le commencement de 1776, l'opuscule intitulé *Rousseau, Juge de Jean-Jacques. Dialogues.* Cet ouvrage est sans contredit le plaidoyer le plus singulier et le plus bizarre, que jamais homme ait fait en sa faveur, mais en même temps il demeure, par la forme et par le fond, le plus touchant qui existe. L'agitation et l'irritation de l'auteur se calmèrent durant dans les deux dernières

(170) Ibid. p. 266.
(171) Ibid. IX. p. 245.
(172) Ibid. *Rêveries* IX. 356 etc.

années de sa vie, de sorte que son dernier ouvrage intitulé *Les Rêveries du promeneur solitaire* respire encore une fois la paix et la résignation de son âme. »Seul pour le reste de ma vie, dit-il dans ce livre, puisque je ne trouve qu'en moi la consolation, l'espérance et la paix, je ne dois ni ne veux plus m'occuper que de moi. C'est dans cet état que je reprends la suite de l'examen sévère et sincère que j'appelai jadis mes *Confessions*..... Ces feuilles peuvent donc être regardées comme un appendice de mes *Confessions*; mais je ne leur en donne plus le titre, ne sentant plus rien à dire qui puisse le mériter. Mon coeur s'est purifié à la coupelle de l'adversité, et j'y trouve à peine, en le sondant avec soin, quelque reste de penchant répréhensible. Qu'aurais-je encore à confesser . . ? (173)

Ainsi les *Dialogues* et les *Rêveries* sont le complément et l'appendice, la suite et la fin des *Confessions*, et ces trois ouvrages forment un tout. Il y eut un moment où les *Dialogues*, en tant que renfermant la justification de l'auteur, lui tinrent beaucoup plus au coeur que les *Confessions*, qui alors ne pouvaient que trop passer pour un réquisitoire. C'est à ce moment que ROUSSEAU médita le projet bizarre de placer cet écrit, en »dépôt remis à la Providence«, sur le grand autel de Notre-Dame de Paris, croyant, »qu'il pouvait arriver que le bruit de cette action fît parvenir son manuscrit jusque sous les yeux du roi.« Ce projet ayant échoué, le 24 février 1776 il déposa un exemplaire des *Dialogues*, cacheté de cinq sceaux, entre les mains de son vieil ami, l'abbé ETIENNE BONNOT DE CONDILLAC, à la condition »qu'il ne fût point imprimé ni connu avant la fin du siècle présent.« Un second exemplaire — mais qui ne contient que le premier livre des *Dialogues* — fut confié à M. BROOKS BOOTHBY, jeune Anglais qui avait été le voisin de ROUSSEAU à WOOTTON et qui, revenant d'Italie, traversait Paris en avril 1776. Enfin ROUSSEAU a remis, dans les premiers jours de mai 1778, un troisième exemplaire à son vieil ami PAUL MOULTOU de Genève, et après la mort de l'auteur on trouve encore trois autres copies des *Dialogues*. (174)

(173) Ibid. *Rêveries* IX. p. 329 etc.

(174) *Oeuvres compl. Rousseau juge de Jean-Jacques Dialogues. Histoire du précédent écrit.* IX. p. 316 etc. — V.: *Notice sur la vie et les ouvrages de M. Pellieux ainé de Beaugency etc.* par C. J. Vergnaud-Romagnesi. Paris 1833. p. 8 note. Le lecteur y trouvera la description et l'histoire du manuscrit des *Dialogues* remis à l'abbé de Condillac. — *Mémoires de J.-J. Rousseau. Rousseau juge de Jean-Jacquez. Dialogues.* D'après le manuscrit de M. Rousseau, laissé entre les mains de M. Brooks Boothby etc. A Lightfield. Chez J. Jackson, aux dépens de l'éditeur. Et se trouve à Londres chez Dodsley et Cadell. M.DCC.LXXX. — Pour le manuscrit de Moultou, voyez les articles de M. Ernest Naville dans la *Bibliothèque universelle.* Avril et mai 1862. — Suivant une lettre de la »fame deu gean ieacque rousseau« (Thérèse Levasseur) à M. Du Peyrou, Du Plessis-Belleville le 18 janvier 1780, il existait un quatrième manuscrit des *Dialogues*, qui se trouva lors de la mort de Rousseau parmi ses papiers. (La lettre de Thérèse Levasseur est

On ne saurait dire que ROUSSEAU se soit donné autant de peine pour transmettre ses *Confessions* à la postérité. Il n'en avait rédigé que deux manuscrits complets, dont il donna l'un, en même temps que celui des *Dialogues*, à son ami MOULTOU, et la façon solennelle dont il accomplit cet acte à Paris, a trait à l'un et à l'autre de ces ouvrages.

Mais la preuve que la conservation des *Confessions* ne tenait pas moins au coeur de l'auteur que celle des *Dialogues* c'est l'avertissement qui figure en tête de l'exemplaire de cet ouvrage remis à MOULTOU. Cet avertissement est très remarquable, et correspond parfaitement à l'Avis au lecteur qui précède les *Dialogues*. Il faut en conclure que ces deux avis remontent à la même époque, c'est à dire au commencement de 1776. Il est intéressant de mettre en parallèle ces deux avertissements:

»L'avertissement des *Dialogues* est placé au verso du titre et avant la première page.« ROUSSEAU *juge de Jean-Jacques. Oeuvres compl.* IX. 317.)	»On lit« l'avertissement des *Confessions* »au revers du feuillet destiné à porter le titre.« (FÉLIX BOVET. *Fragments inédits* etc. p. 4.) »Voici le seul portrait d'homme peint exactement d'après nature et dans toute sa vérité, qui existe, et qui probablement existera jamais.
Qui que vous soyez, que le ciel *a fait l'arbitre* de cet écrit, quelque usage que vous ayez résolu d'en faire, et quelque opinion que vous ayez de l'auteur, cet auteur infortuné *vous conjure, par vos entrailles* humaines et par les angoisses qu'il a souffertes en l'écrivant, de n'en	*Qui que vouz soyez que* ma destinée ou ma confiance ont *fait l'arbitre* du sort de ce cahier, je *vous conjure* par mes malheurs, *par vos entrailles*, et au nom de toute l'espèce humaine, de ne pas anéantir un ouvrage unique et utile, lequel peut servir de première

conservée avec d'autres manuscrits de M. Du Peyrou à la Bibl. de Neuchâtel.) En effet M. C. J. Vergnaud-Romagnesi nous apprend que Therèse Levasseur avait offert à la Convention en même temps que le manuscrit des *Confessions* un manuscrit des *Dialogues*. Mais Vergnaud-Romagnesi s'est trompé. [Voyez Morin, *Essai sur la vie et le caractère de J.-J. Rousseau* p. 596.] — Nous ne saurions dire si Th. Levasseur était bien informée, en écrivant, le 6 mars 1780 à M. Du Peyrou, que le véritable et premier manuscrit des *Dialogues* avait été donné par Rousseau à M. d'Angevillier, ordonnateur des bâtiments du Roi, et que le marquis de Girardin en avait reçu une copie. (Manuscr. de Neuchâtel).

Cet exemplaire fut-il remis à la Bibliothèque de l'Assemblé nationale? Nous ne le pensons pas; car on lit au verso de la couverture de cet exemplaire les paroles suivantes: »*Ce manuscrit a été donné par l'auteur à une dame de la famille de Cramayel, qui le donna elle-même à M. de Clérigny, ancien administrateur des domaines de la couronne. Celui-ci le donna à M. de la Chapelle. Il est passé ensuite à M. Flobert.*« (Morin p. 599.)

disposer qu'après l'avoir lu tout entier. Songez que cette grâce que vous demande un coeur brisé de douleur, est un devoir d'équité que le ciel vous impose.« (*Oeuvres compl.* ib. IX. 317. 318.)

pièce de comparaison pour l'étude des hommes qui certainement est encore à commencer; et de ne pas ôter à l'honneur de ma mémoire le seul monument sûr de mon caractère qui n'ait pas été défiguré par mes ennemis. Enfin, fussiez vous-même un de ces ennemis implacables, cessez de l'être envers ma cendre, et ne portez pas cette cruelle injustice jusqu'au temps où ni vous, ni moi, ne vivrons plus; afin que vous puissiez vous rendre au moins une fois le noble témoignage d'avoir été généraux et bon, quand vous pouviez être malfaisant et vindicatif: si tant est que le *mal* qui s'adresse à un *homme qui n'en a jamais fait* ou *voulu* faire, puisse porter le nom de vengeance.« (FÉLIX BOVET, ibid. p. 4 et 5.)

Le lecteur remarquera dès l'abord que l'avertissement des *Confessions* fut écrit peu de temps après celui des *Dialogues* et qu'il appartient à l'époque où, ayant échoué dans son projet de déposer les *Dialogues* dans l'église de Notre-Dame, l'auteur revint à l'idée de confier ses manuscrits à ses semblables. Si ROUSSEAU avait mis le 24 février 1776, sur l'enveloppe de ses *Dialogues* une »suscription« intitulée *Dépôt remis à la Providence*, il a écrit dépuis quelque chose de semblable sur une page des *Confessions*, mais cette note est restée à l'état de fragment. Comparons encore quelques passages de ces notes:

Dialogues.
(Ibid. p. 307.)

. . . .

»Protecteur des opprimés, Dieu de justice . . . .
je n'attends plus des hommes aigris par leur propre injustice qu'affronts, mensonges et trahisons. Providence éternelle . . . daigne prendre mon dépôt sous ta garde, et le faire tomber en des mains jeunes et fidèles, qui le transmettent exempt de fraude

Confessions.
(FÉLIX BOVET, ibid. p. 15.)

»Ces cahiers, ...
suffisent pour mettre tout ami de la vérité sur la trace, et lui donner les moyens de s'en assurer par ses propres informations. Malheureusement il me paraît difficile et même impossible qu'ils échappent à la vigilance de mes ennemis. S'ils tombent entre les mains d'un honnête homme«

à une meilleure génération; qu'elle apprenne . . . . comment fut traité par celle-ci un *homme* sans fiel et sans fard . . . . *qui n'a jamais fait*, ni *voulu*, ni rendu de *mal* à personne . . . . si donc mon travail est perdu, s'il doit être livré à mes ennemis . . . . . . je me repose sur ta justice, et me résigne à ta volonté.«

MANUSCRITS ET »EDITIONES PRINCIPES« DES CONFESSIONS

»J'écrivais, dit ROUSSEAU, la première (partie des *Confessions*) avec plaisir, avec complaisance, à mon aise à Wootton (en 1766/7) ou dans le château de Trye« (1767). (175) Il en commença la seconde partie à Monquin (1769) dans les dispositions d'esprit les plus malheureuses et jeta à la hâte sur le papier quelques mots interrompus qu'à peine il avait le temps de relire, encore moins de corriger.« (176) »Je suis forcé, répète-t-il, de faire à la hâte et mal un travail qui demanderait le loisir et la tranquillité qui me manquent. Si jamais la Providence, jetant les yeux sur moi, me procure enfin des jours plus calmes, je les destine à refondre, si je puis, cet ouvrage, ou à y faire au moins un supplément« (177) Enfin il écrivait, en 1776, sur son manuscrit des *Confessions*: »Ces cahiers, pleins de fautes de toute espèce et que je n'ai pas même le temps de relire . . .« (178)

L'auteur des *Confessions* n'a jamais trouvé moyen de »refondre.. cet ouvrage.« Il y eut même un moment (de 1771 à 1772), où il déclara avoir renoncé au projet de »faire un supplément«. (179) Mais il a donné depuis ce supplément en composant les *Dialogues*.

Pour les *Confessions* mêmes, ROUSSEAU se contenta d'y ajouter des notes. Persuadé qu'il fallait donner à ses lecteurs tous les faits nécessaires pour pouvoir remonter aux promoteurs de tout le complot, il chercha dans sa mémoire tout ce qui était arrivé et observa chaque jour de sa vie ce que ses ennemis entreprenaient contre lui. Dès qu'il pensait avoir fait une découverte, il la notait dans son manuscrit des *Confessions*.

Pour comprendre ce travail intéressant de l'auteur, il importe d'abord de distinguer entre les notes qui, faisant partie du texte même, furent écrites en même temps que ce texte, et les notes

(175) *Oeuvr. compl. Conf.* VIII. 196.
(176) Ibid. 196,
(177) Ibid. 230.
(178) Félix Bovet, *Fragments etc.* p. 15.
(179) *Oeuvr. compl. Conf.* VIII. 230 note.

qui, corrigeant ou anéantissant le texte, appartiennent à des époques postérieures. Jamais les éditeurs ou les commentateurs n'ont établi cette distinction si importante; c'est ce qui nous engage à donner ici toutes les notes essentielles que ROUSSEAU a ajoutées aux *Confessions*, après en avoir terminé la rédaction définitive. Les voici:

Partie I. livre	IV.	Édition de 1872.			VIII.	p. 216.
	V.	,,	,,	,,	,,	p. 152.
Partie II. livre	VII.	,,	,,	,,	,,	p. 205.
	,,	,,	,,	,,	,,	p. 230.
	VIII.	,,	,,	,,	,,	p. 272.
	,,	,,	,,	,,	,,	p. 277.
	,,	,,	,,	,,	,,	p. 284.
	,,	,,	,,	,,	,,	p. 289.
	IX.	,,	,,	,,	,,	p. 311.
	,,	,,	,,	,,	,,	p. 326.
	,,	,,	,,	,,	,,	p. 333.
	,,	,,	,,	,,	,,	p. 339.
	X.	,,	,,	,,	,,	p. 353.
	,,	,,	,,	,,	,,	p. 354.
	,,	,,	,,	,,	,,	p. 359.
	,,	,,	,,	,,	,,	p. 361.
	,,	,,	,,	,,	,,	p. 364.
	,,	,,	,,	,,	,,	p. 389.
	XI.	,,	,,	,,	IX.	p. 2.
	,,	,,	,,	,,	,,	p. 13.

Parfois on peut fixer presque le jour où doit avoir été écrite la note rectificative. En voici un exemple:

Parlant de REY (p. II. l. XI. Édit. de 1872 IX. p. 12). ROUSSEAU écrit dans le texte: »Ce libraire, dont on me disait tant de mal à Paris, est cependant, de tous ceux avec qui j'ai eu affaire, le seul dont j'aie eu toujours à me louer.« Au-dessous de ce passage nous trouvons la note suivante: »Quand j'écrivais ceci, j'étais bien loin encore d'imaginer, de concevoir, et de croire des fraudes que j'ai découvertes ensuite dans les impressions de mes écrits, et dont il a été forcé de convenir.« Quand ROUSSEAU fit-il cette découverte? Le 14 juin 1772 il écrivait encore à REY: »J'ai . . . toujours recommandé les vôtres (vos éditions) par préférence, persuadé que vous êtes incapable de vous prêter à aucune infidélité, au lieu que toutes celles qui se font et se feront en France portent tous les caractères de perfidie et de réprobation qui m'assurent qu'elles sont infidèles, falsifiées, et faites avec les plus sinistres intentions. C'est ce que vous pouvez déclarer hautement en mon nom à toute la terre dans les mêmes termes sans crainte d'être désavoué.« Néanmoins, à la fin de 1773 (le 15 décembre) ayant reçu de REY un exemplaire de *la Nouvelle l'Héloïse*, ROUSSEAU lui mandait le lendemain: »Vous me marquez que vous m'envoyez l'édition originale, l'exemplaire que j'ai reçu est d'une édition très-différente. Vous me ferez grand plaisir de me marquer, et même le plus tôt qu'il sera possible, si ce quiproquo vient de vous; car je désire extrêmement et pour moi de savoir à quoi m'en tenir sur cet article.« REY répondit à ROUSSEAU le 22 décembre 1773, immédiatement après réception de sa lettre, et cette réponse a pu être entre les mains de ROUSSEAU le 28 décembre. Elle ne fit que confirmer ses tristes soupçons. En conséquence la note mentionnée fut écrite après cette date. (180)

ROUSSEAU confia un manuscrit des *Confessions*, en même temps qu'un manuscrit des *Dialogues*, à son ami PAUL MOULTOU de Genève, qui vint le voir à Paris, avec son fils PIERRE, au commencement du mois de mai 1776. Cela se fit en grande cérémonie. ROUSSEAU, ayant prié PIERRE MOULTOU de le laisser un moment seul avec son père, s'entendit d'abord avec celui-ci et lui remit son dépôt entre les mains; puis, faisant rentrer le fils, il reprit le dépôt des mains de son ami, le mit dans celles de PIERRE MOULTOU en disant, d'un ton solennel, qu'il avait confié à l'amitié de PAUL MOULTOU le plus grand trésor et qu'il s'était fait donner la promesse de publier ces écrits après sa mort. »Pour le cas malheureux, continua ROUSSEAU, que votre père mourût avant moi, je demande maintenant votre parole d'honneur de le remplacer et d'accomplir à sa place fidèlement la promesse.« PIERRE MOULTOU ayant donné sa parole d'honneur, ROUSSEAU remit de nouveau les manuscrits entre les mains de son ami. — Le jeune MOULTOU a décrit deux fois cette scène touchante et déclaré finalement que ROUSSEAU avait laissé au dépositaire le soin de juger quel moment après sa mort serait propre à la publication des manuscrits en cause. (181)

ROUSSEAU mourut en 1778 à Erménonville, où le marquis DE GIRARDIN lui avait offert un asile. Il laissait parmi ses papiers un second manuscrit des *Confessions*. Dans sa correspondance avec M. DU PEYROU, sa femme en a donné une assez bonne description. Les *Confessions*, écrit-elle, étaient enveloppées et cachetées dans un papier blanc, avec deux grands livres de lettres copiées par ROUSSEAU; les *Confessions* étaient en petit format entre-in 8° et petit in 4°, écrites d'une écriture assez grosse et très serrée. (182)

(180) Boscha p. 302. 303. et p. 308. — Voyez la »*Déclaration relative à différentes réimpressions de ses ouvrages*«. Signé »fait à Paris, ce 23 janvier 1774. J.-J. Rousseau«. (*Oeuvres complètes etc.*, édition de Bruxelles 1839. XXXIII. 173. 174.) Cette déclaration, insérée dans la *Gazette de la littérature, des sciences et des arts* Nr. 12, du samedi 19 février 1774, condamne aussi bien les réimpressions de Rey que celles de France comme altérées, mutilées, falsifiées etc. (Voyez: Boscha p. 303 Anm.)

(181) Articles d'Ernest Naville dans la *Bibliothèque universelle*. Avril et mai 1862. — *Pièces relatives à la publication de la suite des Confessions de J.-J. Rousseau.* 12 pages in 4°. [1790.]

(182) Lettres de Mme Rousseau à M. Du Peyrou. (11 février 1780 et 6 mars 1780.) Manuscr. de M. Du Peyrou à Neuchâtel.

Le marquis DE GIRARDIN, profitant de la circonstance, s'empara, immédiatement après la mort de ROUSSEAU, de tous ses papiers, décacheta les *Confessions* et les fit voir à quelques personnes, mais il cacha perfidement cette découverte à MOULTOU et à DU PEYROU, à qui il s'était associé pour prendre soin de la mémoire de ROUSSEAU et de l'existence de sa veuve. (183) Ce ne fut que nombre d'années plus tard qu'il fut forcé de rendre »sa proie« à THÉRÈSE LEVASSEUR, qui offrit enfin le manuscrit des *Confessions* à la Convention.

Nous nous rappelons que deux ou trois des hommes de lettres à qui l'auteur, dans l'hiver de 1770 à 1771, avait lu l'histoire de sa vie, en ont parlé dans les journaux en 1771. Mais personne n'a fait imprimer une partie quelconque des *Confessions* avant la mort de ROUSSEAU. Il est certain seulement qu'avant le 10 décembre 1778 »on avait fait connaître« au public »la belle préface . . des *Mémoires*.« (184)

GRIMM s'empara habilement, il est vrai, de cet article sur les *Confessions*, mais il n'en publia qu'une paraphrase comique de sa façon. (MUSSET PATHAY, *Oeuvres inédites* de J.-J. ROUSSEAU I. 446). — LE TOURNEUR, dans la brochure intitulée *Voyage à Erménonville* 1788, a publié un passage de la seconde partie des *Confessions*, où ROUSSEAU parle de l'exposition de ses enfants. LE TOURNEUR a donc vu le manuscrit des *Confessions* que le marquis DE GIRARDIN possédait alors. Si les auteurs du *Journal de Paris* en 1788 et le comte BARRUEL-BEAUVERT en 1789 (Vie de JEAN-JACQUES ROUSSEAU) firent imprimer le même passage, ils l'ont tiré de la brochure de LE TOURNEUR.

Trois ans après la mort de ROUSSEAU, en 1781, PAUL MOULTOU, d'accord avec son ami DU PEYROU, fit imprimer à Genève les six premiers livres des *Confessions*. Il mourut en 1787, et son fils PIERRE MOULTOU, étant devenu le dépositaire des manuscrits de ROUSSEAU, publia à Genève, en 1788, aussi la seconde partie de cet ouvrage.

DU PEYROU, peut-être indigné de n'avoir pas été consulté sur cette publication, la reprocha comme une indiscrétion impardonnable envers l'auteur et comme un factum plein de »corrections ridicules du style, d'infidélités, et de falsifications.« (185) C'est probablement pour fournir la preuve de son dire, qu'il fit imprimer en 1790 *La seconde partie des Confessions de J.-J. Rousseau, édition enrichie d'un nouveau recueil de ses lettres*. Neuchâtel. Chez FAUCHE-BOREL. Cette édition (5 vol. in-8° ou 7 vol.

(183) Voyez note 181: Pièces relatives etc.

(184) »Lettre sur J.-J. Rousseau par M*** à Genève, et se trouve à Paris etc. M.DCC.L.XXX (adresse écrite Paris le 10 décembre 1778 à M. D'E . . . .» c'est à dire, M. d'Escherny). — Cette brochure a été réimprimée dans la *Collection complète des Oeuvres de J.-J. Rousseau* etc. Genève 1782. XXIX. p. 371 etc. Voyez p. 440.

(185) Voyez la note 181: *Pièces relatives etc.*

in-18°) fut rédigée sur une copie du manuscrit de PAUL MOULTOU, que DU PEYROU avait prise avec la permission de son ami. (186)

Il existe encore un livre intitulé *Clef des Confessions de J.-J. Rousseau*. Par DU PEYROU 1790, in-8° et in-12°. Mais nous ne le connaissons pas. (Voyez QUÉRARD, *La France littéraire*. Art. ROUSSEAU.)

A la guerre entre le manuscrit original et la copie succéda la guerre entre le manuscrit de MOULTOU et celui de THÉRÈSE LEVASSEUR. DU PEYROU mourut en 1794, et en 1796 parut à Paris un livre portant le titre: *Confessions de J.-J. Rousseau. Noms qui ne sont indiqués que par des lettres initiales dans les éditions imprimées. Morceaux inédits ou différences qui se trouvent entre le manuscrit offert à la Convention par Thérèse Levasseur et les éditions de Rousseau. — Le manuscrit de Thérèse Levasseur porte l'épigraphe suivante, qu'on ne trouve dans aucune des éditions: Intus et in cute.*

Pour la publication de la seconde partie des *Confessions*, PIERRE MOULTOU avait suivi les principes de son père c'est à dire qu'il n'avait indiqué les noms que par des initiales et supprimé les passages obscènes. L'éditeur et les imprimeurs des six derniers livres des *Confessions* déclarèrent hautement avoir supprimé »les traits trop amers ou trop durs« et toutes les injures grossières, plates et basses contre des personnes vivantes et respectables.« (187) Néanmoins les autorités genévoises condamnèrent »les sieurs BARDE et MANGET (dont les noms figuraient seuls sur le titre du livre) pour avoir imprimé sans permission la suite des *Confessions* de J.-J. ROUSSEAU, ouvrage contenant plusieurs choses qui n'auraient point dû être publiées.« (188) Le public, initié déjà par le livre de 1796 aux secrets les plus dangereux des *Confessions* de ROUSSEAU, reçut en 1798 une fidèle et complète reproduction du manuscrit de THÉRÈSE LEVASSEUR. Voici le tittre de cette publication: *Les Confessions* de *J.-J. Rousseau. Première édition complète, revue et collationnée sur le manuscrit de l'auteur, déposé au comité d'instruction publique par sa veuve, l'an III, avec une table alphabétique des noms et des matières.* Paris. POINÇOT, au VI. 4 volumes in-12, ornés de 14 gravures.

Depuis ce temps le singulier ouvrage du citoyen de Genève, a été réimprimé très-souvent. Vu les grandes différences entre les deux manusrits de la main de l'auteur, les historiens littéraires

(186) Voyez note 181: *Pièces relatives etc.* — La Bibl. de Neuchâtel conserve parmi les *Copies d'ouvrages de J.-J. Rousseau* 1) Un livre grand in-4°, intitulé: *Recueil B, contenant les six premiers livres des Confessions.* (Voyez: Félix Bovet, *Fragm.* p. 4). 2) Un autre livre in-4° en parchemin, contenant les 6 derniers livres des *Confessions* collationnés sur l'original et signés Du Peyrou et Jeannin, et en outre la déclaration de J.-J. Rousseau relative à M. le pasteur Vernes. (Voyez Félix Bovet, *Fragm.* p. 14.)

(187) Voyez la note 181. *Pièces relatives etc.*

(188) Marc Monnier. Edition des *Confessions.* Préface. 1881. (Registres du Conseil de Genève, décembre 1789.)

se sont mis à les comparer et à prendre parti pour l'un ou l'autre de ces deux documents. D'abord M. PETITAIN et depuis M. COUSIN (dans le *Journal des Savants*) ont très-bien prouvé que le manuscrit des *Confessions*, remis par l'auteur à MOULTOU, doit être considéré comme contenant le dernier mot de ROUSSEAU (MORIN, *Essai sur la vie* etc. de J.-J. ROUSSEAU p. 593). Mais jusqu'ici nous n'avons pas encore d'édition critique des *Confessions*, et la question des relations des manuscrits entre eux n'est point encore résolue; on s'est contenté de la vider par des compromis, lesquels, absolument et toujours nécessaires dans la vie pratique, dans la science ne font que compromettre la vérité.

Le manuscrit de TH. LEVASSEUR est une relique précieuse et touchante de la main de ROUSSEAU. Il l'a commencé en Angleterre après les tristes effets de la rupture avec DAVID HUME, et ce fut là encore que, dans la plus effrayante irritation d'esprit, durant les premiers mois de 1767, il écrivit ce passage bizarre: »Je les aime (les Français) en dépit de moi quoiqu'ils me maltraitent. En voyant déjà commencer la décadence de l'Angleterre, que j'ai prédite au milieu des ses triomphes, *je me laisse bercer au fol espoir que la nation française, à son tour victorieuse, viendra peut-être un jour me tirer de la triste captivité où je vis.*«

L'auteur a supprimé ce passage singulier dans la copie de son manuscrit transcrite au Château de Trye durant l'hiver de 1767-8. Cette copie, renfermant les six premiers livres des *Confessions*, forme une partie du manuscrit de MOULTOU. En se rendant en 1768 de Trye dans le midi de la France, ROUSSEAU la laissa sous le nom de »cahier de Confessions«, avec d'autres papiers, en dépôt chez madame DE NADAILLAC abbesse de GOMER-FONTAINE, jusqu'à l'année 1770, tout en gardant la première rédaction. Ainsi s'explique le fait que nous trouvons dans celle-ci, et non pas dans la seconde rédaction, une note qui appartient à la période de 1768—1770. Car, ainsi que nous dit l'éditeur anonyme du livre de 1796 intitulé *Confessions de J.-J. Rousseau, Noms qui ne sont indiqués que par des lettres initiales etc.*, on lit dans le manuscrit (de TH. LEVASSEUR) par renvoi ces mots de la main de l'auteur: »Je l'ai revu depuis (M. DE CONZIÉ, comte de Charmettes) et je l'ai trouvé totalement transformé O le grand magicien que M. DE CHOISEUL! Aucune de mes anciennes connaissances n'a échappé à ces métamorphoses.«

Pour comprendre cette note il faut lire la lettre de ROUSSEAU à M. DE SAINT-GERMAIN, du 26 février 1770, lettre où il dit: »J'avais en Savoie un témoin de ma jeunesse, un ami que j'estimais, et sur lequel je comptais; je vais le voir; je vois qu'il me trompe; je le trouve en correspondance avec M. DE CHOISEUL.« A quel époque ROUSSEAU alla-t-il voir M. DE CONZIÉ à Chambéry? Ce fut, sa lettre à Mad. ROUSSEAU du 12 août 1768 nous l'apprend, au milieu de mois d'août 1768. La note mentionnée fut donc rédigée après cette date, c'est à

6

dire à l'époque où ROUSSEAU commença la rédaction de la seconde partie des *Confessions.* L'auteur la rédigea pendant l'hiver de 1769 à 1770, et se servit dans ce but d'encre de Chine, afin de déjouer les complots de ses ennemis, qui s'efforcaient, selon son idée fixe, de lui enlever l'encre ordinaire

MORIN dans son *Essai sur la vie et le caractère de J.-J. Rousseau,* p. 592 nous donne une description de ce manuscrit de ROUSSEAU. »*L'écriture, dit-il, en est extrêmement ténue; elle occupe toute la surface des pages excepté en dedans, où il reste une marge d'un centimètre et demi de largeur tout au plus. Cette forme, singulièrement compacte, s'explique très-bien. Tourmenté par la crainte de voir son travail tomber entre les mains de ses ennemis, Rousseau dut s'appliquer à lui donner le moins de volume possible. On trouve dans le VIIme livre des Confessions une note relative à Duclos, et ainsi conçue: »Voilà ce que j'aurais toujours pensé, si je n'étais jamais revenu à Paris.« Cette note est écrite en long sur la marge de la page; l'encre qui a servi à l'ecrire est moins noire que celle du texte. A ce sujet, je rappellerai une idée extravagante énoncée par Rousseau dans les Dialogues; il prétend que, lorsqu'il écrivait en Dauphiné la seconde partie de ses Confessions, on était parvenu à écarter de lui toute encre lisible, et qu'il avait été obligé d'employer de l'encre de Chine. En effet, la teinte de cette substance est très-reconnaissable dans cette fraction du manuscrit, et tranche avec celle de l'encre ordinaire qui a servi à écrire la première partie. (*) Il est donc évident que la note dont il s'agit a dû être écrite postérieurement au texte, et qu'elle date de l'époque à laquelle Rousseau habitait Paris (1770—1778), puisqu'elle fait mention d'une circonstance de son séjour dans cette ville. Presque toutes les autres notes du manuscrit sont en surcharge, comme celle dont je viens de parler, et offrent la même différence dans la teinte de l'encre, ... On ne trouve pas, dans le manuscrit de la Bibliothèque (de Paris), le paragraphe final du XIIme livre des Confessions, qui commence ainsi: »J'ajoutai ce qui suit« etc.*

Nous avons prouvé que ROUSSEAU a terminé la rédaction du XIIme livre des *Confessions* dans les derniers jours de 1770 ou dans les premiers de 1771. Depuis lors seulement l'auteur a transcrit la copie de la seconde partie de ses *Confessions*, c'est à dire la seconde moitié du manuscrit de MOULTOU. Il travailla assez longtemps. Car la »fame deu gean ieacque rousseau«, — c'est ainsi que THÉRÈSE LEVASSEUR signe ses lettres, — se rappela avec M. DU PEYROU les jours où son mari prit, d'après

(*) Barruel-Beauvert dit dans son ouvrage intitulé; *Vie de J.-J. Rousseau* p. 390 note, que Rousseau écrivit d'abord ses Mémoires avec une encre fort blanche; mais comme elle papillotait à la vue, continue Barruel, et le fatiguait beaucoup, Rousseau eut la patience de repasser tout son ouvrage laborieusement depuis le premier mot jusqu'au dernier; et ce fut de cette copie ainsi retravaillée qu'il fit la lecture. — Mercier, *De J.-J. Rousseau etc.* (I. 253 note 1) dit la même chose en ajoutant: »et j'ai vu la copie ainsi travaillée.«

le premier manuscrit, la copie qu'il a confiée plus tard à son ami MOULTOU. Au surplus nous trouvons, dans le manuscrit de MOULTOU même, des changements qui, respirant tout-à-fait l'esprit des *Dialogues*, doivent avoir été écrits à la même époque, c'est à dire de 1772—1776. Je n'en citerai que deux exemples. ROUSSEAU écrivait ce qui suit dans la première rédaction du Vme livre des *Confessions* (manucrit de TH. LEVASSEUR): ». . . . il se répandit quelque temps après [1753] un bruit *qui véritablement ne dura pas*, que je n'étais pas l'auteur du *Devin du Village.*« Or à l'époque mentionnée de 1773—1776 ce bruit s'était répandu de nouveau dans le public et on disait même que ROUSSEAU ne savait pas du tout la musique. Alors il supprima les paroles »qui véritablement ne dura pas« et écrivit seulement dans le manuscrit de MOULTOU: »il se répandit quelque temps après (1753) un bruit que je n'étais pas l'auteur du *Devin du Village.*« Autre exemple. Nous lisons dans le texte du VIIIme livre des *Confessions* sur DUCLOS: »c'est le seul ami vrai que j'ai eu parmi les gens de lettres.« A ces paroles l'auteur avait ajouté dans la première rédaction cette note: »Voilà ce que j'aurais pensé toujours, si je n'étais jamais revenu à Paris.« Or la seconde rédaction (le manuscrit de MOULTOU) contient la même note rédigée comme suit: »Je l'ai cru si longtemps et si parfaitement, que c'est à lui que depuis mon retour à Paris je confiai mes *Confessions*. Le défiant JEAN-JACQUES n'a jamais pu croire à la perfidie et à la fausseté qu'après en avoir été la victime.« Ce changement correspond tout-à-fait aux passages de *Rousseau juge de Jean-Jacques. Dialogues*, où il dit *(Oeuvres complètes* IX. 266): »Cet homme (JEAN-JACQUES) si défiant alla non seulement jusqu'à leur (ses connaissances) lire cette histoire de son âme, mais jusqu'à leur en laisser le dépôt assez longtemps;« et (*Oeuvres compl.* IX. 316): »Frappé surtout de l'insigne duplicité de DUCLOS, que j'avais estimé au point de lui confier mes *Confessions*, et qui, du plus sacré dépôt de l'amitié, n'avait fait qu'un instrument d'imposture et de trahison.«

Nous savons que ROUSSEAU a écrit en 1776, dans le manuscrit de MOULTOU, les deux avertissements si émouvants dont nous devons la publication à M. FÉLIX BOVET, et dont l'un se trouve dans la copie de DU PEYROU »au verso du titre« de la seconde partie des *Confessions*, et l'autre, demeuré à l'état de fragment, à la fin de cette copie. Depuis ce jour l'auteur n'a plus retouché au manuscrit de MOULTOU et moins encore à la première rédaction de ses *Confessions*, au manuscrit de TH. LEVASSEUR.

L'histoire de la composition des mémoires de ROUSSEAU dès l'origine de ce projet en 1761 et principalement dès l'origine des premiers brouillons en 1764, à l'achèvement de la dernière rédaction des *Confessions*, c'est à dire du manuscrit de MOULTOU, en 1776, cette histoire de la composition d'un livre est en même temps l'histoire de la vie de son auteur. Nous appuyant sur les résultats des recherches que nous venons d'exposer au lecteur, nous prendrons la liberté de lui communiquer encore notre opinion sur une édition des *Confessions* qui satisferait aux exigences de la critique et de la science historique. Cette édition commencerait par l'écrit intitulé *Mon Portrait* (de 1764) avec les fragments y relatifs que nous avons découverts. Cet écrit serait suivi de l'introduction intéressante composée en 1765 et publiée par FÉLIX BOVET. Pour le texte même des *Confessions*, il va sans dire qu'il faudrait rendre exaxtement et fidèlement le manuscrit de MOULTOU, celui-ci représentant la rédaction finale. Cependant, afin que le lecteur puisse connaître toutes les péripéties de la composition de cet ouvrage, l'éditeur y ajouterait en note les variantes du manuscrit de TH. LEVASSEUR, puis celles du manuscrit fragmentaire portant le titre: »*Les Confessions de J.-J. Rousseau, contenant le détail des événemens de sa vie etc.*«, et enfin celles des esquisses primitives, que nous avons signalées dans les publications de STRECKEISEN-MOULTOU, de BOUGY, de VILLENAVE, de FRITZ BERTHOUD, et que nous avons enrichies de quelques nouvelles découvertes. Pour ce qui est enfin des notes de ROUSSEAU lui-même, il faudrait distinguer, par l'impression, celles que l'auteur a rédigées en même temps que le texte, de celles qu'il a ajoutées plus tard.

»En me livrant, dit ROUSSEAU dans l'introduction de 1765, à la fois au souvenir de l'impression reçue et au sentiment présent, je peindrai doublement l'état de mon âme, savoir au moment où l'événement m'est arrivé et au moment où je l'ai décrit; mon style inégal et naturel, tantôt rapide et tantôt diffus, tantôt sage et tantôt fou, tantôt grave et tantôt gai, fera lui même partie de mon histoire.« En écrivant ces paroles, l'auteur ne pensait qu'à une forme unique du texte de l'ouvrage qu'il allait donner au public. Cependant il a fini par nous laisser quatre textes différents: deux rédactions complètes, une rédaction fragmentaire et nombre de premiers jets. Une édition comprenant tous ces matériaux nous offrirait un objet précieux de comparaison, nous ferait connaître l'art de narrer et d'écrire de l'auteur »le plus éloquent de son siècle«; une pareille édition nous ferait connaître aussi JEAN-JACQUES ROUSSEAU beaucoup plus intimement qu'il ne s'en doutait lui-même, et elle accomplirait au delà de sa propre attente son but sublime de donner selon ses paroles »un ouvrage unique et utile, lequel peut servir de première pièce de comparaison pour l'étude des hommes qui certainement est encore à commencer.«

Imprimerie Ducale à Altenbourg.

www.ingramcontent.com/pod-product-compliance
Ingram Content Group UK Ltd.
Pitfield, Milton Keynes, MK11 3LW, UK
UKHW021004200726
13857UKWH00004B/1268